NANÃ BURUQUÊ

A GUARDIÃ DO SABER ANCESTRAL

Cris Egídio
e
Lurdes de Campos Vieira

NANÃ BURUQUÊ

A GUARDIÃ DO SABER ANCESTRAL

© 2023, Madras Editora Ltda.

Editor:
Wagner Veneziani Costa (*in memoriam*)

Produção e Capa:
Equipe Técnica Madras

Ilustrações Internas:
Bernard Castilho

Revisão:
Maria Cristina Scomparini
Arlete Genari

Dados Internacionais de Catalogação na Publicação (CIP)
(Câmara Brasileira do Livro, SP, Brasil)

Egídio, Cris
Nanã Buruquê: a guardiã do saber ancestral/Cris Egídio e Lurdes de Campos Vieira. – São Paulo: Madras, 2023.
Bibliografia.
2 ed.

ISBN 978-85-370-1193-5

1. Nanã (Culto) 2. Nanã (Orixá) 3. Orixás
4. Umbanda (Culto) I. Vieira, Lurdes de Campos.
II. Título.

19-24801   CDD-299.6

1. Nanã Buruquê: Orixás: Umbanda: Religiões de origem africana 299.6
Cibele Maria Dias – Bibliotecária – CRB-8/9427

É proibida a reprodução total ou parcial desta obra, de qualquer forma ou por qualquer meio eletrônico, mecânico, inclusive por meio de processos xerográficos, incluindo ainda o uso da internet, sem a permissão expressa da Madras Editora, na pessoa de seu editor (Lei nº 9.610, de 19/2/1998).

Todos os direitos desta edição reservados pela

MADRAS EDITORA LTDA.
Rua Paulo Gonçalves, 88 – Santana
CEP: 02403-020 – São Paulo/SP
Tel.: (11) 2281-5555 – (11) 98128-7754
www.madras.com.br

ÍNDICE

Prefácio 8
1. Considerações Iniciais 10
2. As Divindades Anciãs em Outras Religiões.................15
3. Mãe Nanã na Coroa Divina 20
   - Orixás – Tronos de Deus..21
   - Mãe Nanã é cósmica 24
   - Mãe Nanã é dual e ativa..25
   - Mãe Nanã é atemporal...26
4. Os Fatores Divinos do Trono Feminino da Evolução...28
   - Fatores de Mãe Nanã..30
5. Mãe Nanã e a Evolução...33
6. O Mistério Decantação Divina.......................................38
   - A decantação e as profundezas..................................39
7. A Senhora das Eras 41
8. O Saber Ancestral...45
   - Evolução e ascensão 47
   - Maturidade e sabedoria...48
   - O mistério Ancião...51
9. Nanã, a Memória Ancestral 54
   - Problemas ou perturbações da memória 59
   - Para melhorar a memória. 61
10. A Reatividade dos Mistérios Sagrados dos Orixás 62
    - A reatividade do mistério Nanã Buruquê 63
11. Nanã – Orixá da Cura..66
    - Argila – O barro sagrado de Nanã Buruquê............67
    - Ativação magística de cura na irradiação de Mãe Nanã.........68
    - Benzimento – Sabedoria ancestral da cultura popular 72

12. A Transcendência – Vida e Morte..76
13. Hierarquias e Entrecruzamentos..80
    As hierarquias do Trono Feminino da Evolução.......................82
    As sete Nanãs Intermediárias, regentes
    dos polos magnéticos positivos...84
    As sete Nanãs Intermediárias
    cósmicas, regentes das faixas negativas.....................................85
14. Como Ativar as Orixás Nanãs Intermediárias...............................89
    Ativação dos sete losangos sagrados..89
15. Nanã e os Guardiões da Lei..98
    O Senhor Exu do Lodo..99
    Oferenda ritual ao Senhor Exu do Lodo..................................105
        Evocação do mistério Exu do Lodo.....................................106
        Determinação ao mistério Exu do Lodo..............................107
16. Os Guias Espirituais na Irradiação de Mãe Nanã......................109
    Pretas-Velhas – A manifestação da sabedoria
    e do amor incondicional na Umbanda Sagrada.....................112
    O poder higienizador das sereias velhas..................................116
17. Hereditariedade Divina de Mãe Nanã..119
    O Orixá Essencial ou Ancestral...120
    Os Orixás Naturais..121
    O Triângulo de Força..122
    Filhos ancestres de Mãe Nanã...122
    Filhas e filhos de Nanã, em geral...124
        Orixá de Frente e Adjuntó..124
18. A Divindade Nanã e a Natureza...130
    Os elementos – água e terra...130
    Pares de Nanã..131
    A ação de Nanã no organismo humano..................................132
    Orixá da velhice e protetora dos idosos..................................134
    Atuação de Nanã no organismo feminino...............................138
    Atuação de Nanã no organismo masculino............................139
    Ação de Nanã no meio ambiente..140
    A Guardiã das águas calmas e turvas – seus pontos de forças.....140
    Luz e trevas nos pontos de forças..141

Lagos e lagoas 142
Deltas e mangues 143
Pântanos e lodo 144
Os pontos de forças abissais 145
Senhora das Águas Barrentas – A Grande Deusa da Lama 146
    Nanã e Oxumaré na Natureza 147
    Os meandros e os lagos abandonados
    em forma de meia-lua 147
Rochas sedimentares e fósseis – A memória da Natureza 152
    A idade das rochas – fósseis e datação 153
Os combustíveis fósseis: carvão e petróleo 153
Nanã Buruquê – A Senhora da Reciclagem 154
Nanã, a Lua e a prata 155
    Ametrina 157
Nanã – A Senhora do Magnetismo 157
    As auroras boreais e austrais 162
19. Oferendas Sagradas para a Divina Mãe Nanã 163
    O poder divino e as forças da Natureza na vida dos seres 163
    Os elementos (ar, água, minerais, cristais, vegetais,
    fogo e terra) 164
    Princípios mágicos e energéticos das oferendas sagradas 165
    Princípios mágicos e energéticos de alguns
    elementos de Nanã 166
    Procedimentos sagrados nos santuários naturais 173
20. Ativaçõpes Religiosas e Magísticas na
Irradiação da Divina Mãe Nanã 179
    Benzimento na irradiação de Mãe Nanã 179
    Água fluidificada na irradiação de Mãe Nanã 181
21. Considerações Finais 205
Fatores do Trono Feminino da Evolulção e Suas Funções 211
Bibliografia 213

Prefácio

Ler o livro de Cris Egídio e mãe Lurdes de Campos Vieira sobre Nanã Buruquê é como assistir à ordenação cósmica do universo brotar naturalmente do "feixe de ramos de folhas de palmeira" do seu ibiri "enfeitado com palha-da-costa e búzios".

Dos búzios do seu ibiri a dança ancestral comunica vibrações e movimentos aos colares e brajás de contas e miçangas, ao ambiente e à gira, numa dança cósmica umbilical que nos religa com o mais antigo em nós. Difícil atinar. É o mistério de Nanã atuando na gente por elementos culturais, simbólicos, estéticos, concretos, naturais e sociais. A enumeração e apreciação desses elementos do reino ancestral de Nanã Buruquê e de suas características, como "uma moringa de barro, cheia de água, com um pouco de areia branca no fundo, colhida no leito de um lago e coberta com um pano branco ou florido"..., "cabaça", "coité", "cuia", "poronga", expõem à apreciação dos leitores e suas impressões todo um encadeamento da cultura com a natureza, latente em nosso inconsciente coletivo, de tão mergulhados em nossas memórias, nossas almas, nossas psiquês.

Luiz Mors Cabral conta, no livro *Plantas e civilização: fascinantes histórias da etnobotânica*, sobre o curioso uso da cabaça como "koteca, símbolo do atraso e da condição tribal da Papua Nova Guiné" e a tentativa frustrada de introduzirem o uso de roupas. No Brasil, as cabaças, tão emblemáticas num cajado de Nanã, servem de xiquerês em afoxés e grupos musicais e de amplificadores nos berimbaus das rodas de capoeira, arte marcial banto-brasileira.

O livro de Cris Egídio e mãe Lurdes enriquece esse e outros campos de estudo intrinsecamente ligados à Umbanda. Portanto, é com gratidão e devoção que recebemos mais esta obra, que eleva o nível dos estudos e da literatura umbandista, para o bem de todos nós e do mundo.

Saibamos aproveitar seus ensinamentos para mergulharmos profundamente em um reencontro com a mãe Natureza!

Adriano Vieira Cazallas

Historiador, professor de História, mestrando pela USP, músico, ogã do Templo de Umbanda Sagrada Sete Luzes Divinas, filho de Pai Oxalá e de Mãe Nanã.

Capítulo 1

Considerações Iniciais

Nanã Buruquê, a mais velha das Iabás, mistério divino do Criador velado e silencioso, princípio feminino do mundo, é chamada de vovó da Aruanda e tida como a grande Mãe da Criação, a Senhora dos Primórdios, mãe dos Orixás, Fonte Primordial de Vida na Terra, a senhora das águas pantanosas e lodosas. É a mãe divina sóbria e madura que nos ampara em todos os momentos de transição em nossas vidas, na matéria ou em espírito.

Na literatura umbandista, anterior à década de 1990, não há muitas informações sobre essa mãe Orixá, que não costuma ser cultuada em todos os terreiros. Mas, dia a dia, seu culto vem se fortalecendo na Umbanda, religião onde Mãe Nanã é um dos Orixás Anciãos e se apresenta como a grande avó, amorosa, paciente e calma, misericordiosa, madura, sábia e simples, porém bastante exigente, respeitada e temida. É o colo feminino acolhedor que nos ampara e ajuda na decantação e transmutação de sentimentos emocionalizados, de instintos e mágoas, para perdão, maturidade e sabedoria.

A atuação de Mãe Nanã fixa os seres nos estágios em que estão, até que se livrem dos sentimentos emotivos e das reações instintivas. É a ela, mãe misteriosa e plena de grandeza, que recorremos quando precisamos nos libertar do passado e nos autoperdoar.

Agradecemos imensamente aos nossos irmãos das nações africanas, que preservam o culto aos Orixás e o disseminaram em nosso país. Nesta obra, apresentaremos Mãe Nanã a partir da visão preciosa e relevante da ciência divina, com os conhecimentos profundos e abrangentes trazidos pelos Mestres da Luz, por meio da mediunidade e psicografia de Pai Rubens Saraceni, e com informações da mitologia afro. E, em conformidade com as obras desse mestre, com orientações e fundamentos da espiritualidade que nos assiste, com muito estudo, pesquisa e ação participativa nos terreiros, teceremos nossas considerações e conclusões.

Cada um dos Orixás é uma das partes de Olorum. Eles as trazem por inteiro e as exteriorizam por meio dos seus muitos aspectos ou qualidades, que chamamos de axés. Mãe Nanã apresenta dentre suas principais qualidades os axés decantador, umidificador, divisor do tempo e formador das eras, delimitador dos espaços, cadenciador e paralisador.

A calma absoluta, o silêncio, a decantação, a maleabilidade e a misericórdia são próprios do modo de ser dessa Mãe Divina associada à velhice e, diante de tal profundidade, adentraremos nos seus mistérios, que nos permitirem desvendar e entender, com muita parcimônia, cerimonialidade, coração aberto e respeito. Seus mistérios são grandiosos e pouco se sabe sobre eles, mas Mãe Nanã é mãe amorosa, iluminada, paciente, compreensiva e poderosa. No livro *Lendas da Criação*,* Pai Rubens Saraceni nos ensina que Nanã tem poder sobre o Tempo e é chamada Senhora das Eras.

Nanã e Obaluaiê regem a Linha da Evolução, são responsáveis por esse aspecto divino regente da criação. Só por meio da compreensão e do conhecimento adquirimos um saber (Obaluaiê) racional (Nanã) e nos conduzimos com equilíbrio em meio às vicissitudes humanas, para uma evolução estável (Nanã).

Muitos são os mistérios dessa mãe, chamada de Senhora dos Primórdios, Senhora das Eras, Senhora da Morte, Mãe Primordial, Senhora da Transcendência, Senhora das Águas Pantanosas, Guardiã do Saber Ancestral e muitas outras denominações.

Guardiões e Guardiãs são aqueles que guardam mistérios do Divino Criador Olorum e são responsáveis pelo equilíbrio da Lei; velam para que não sejam cometidos excessos de ordem positiva ou negativa. São manifestações do Divino Criador em nossas vidas, por onde fluem Seus mistérios.

Mãe Nanã é a Grande Avó; é a divindade que atua no nosso carma, nas passagens e acompanha nosso fim na carne e entrada em espírito. Essa travessia do plano material para o espiritual é regida por ela, que também prepara o espírito para uma nova vida. Ela conduz essas transições com serenidade e sabedoria.

Na Linha da Evolução, Mãe Nanã é cósmica e atua na vida dos seres como um recurso evolutivo, decantando os excessos, os vícios, atuando sobre seus racionais, concentrando-os e amadurecendo-os. Nanã Buruquê, a maleabilidade e a decantação, é cósmica, dual e atua por atração magnética sobre os seres com evolução paralisada e

---

*N.E.: Obra publicada pela Madras Editora.

emocional desequilibrado. Com seu magnetismo aquático, ela desparalisa suas evoluções. Com seu magnetismo telúrico, desfaz os excessos e os decanta dos negativismos, enterrando os vícios, afixando-os em seu "barro", deixando-os prontos para que Obaluaiê os remodele, estabilize e os coloque novamente em uma nova senda evolutiva.

Associada às águas pantanosas e à lama do fundo dos lagos, dos deltas dos rios, dos mangues e dos mares, águas tranquilas e paradas, seus pontos de força, é chamada de Senhora dos Pântanos e Senhora da Morte, Senhora da Transcendência, ligada à terra, para onde somos levados após o desencarne.

Com sua tranquilidade, experiência, equilíbrio, sabedoria, sobriedade, anciência, razão, paciência e amor, Mãe Nanã nos dá a calma necessária para enfrentarmos as grandes mudanças que se processam no decorrer de nossa existência como espíritos humanos. O seu amparo é essencial, pois nos momentos de grandes transformações necessitamos de equilíbrio, calma, tranquilidade e paciência; ela nos traz isso e muito mais. Seu magnetismo sedimentador (decantador) atrai todos os excessos do nosso emocional, do nosso racional, do nosso espiritual e mesmo do nosso corpo carnal, decantando-os. Esse magnetismo atrator aquático-telúrico denso afixa os excessos, propiciando uma paz imensa que permite que as mudanças, as transformações, se processem sem grandes sofrimentos, sem grandes danos.

Olorum, na Evolução, manifesta-se cosmicamente por meio de Nanã-Yê, a decantação Divina, que, nos sentidos, é associada à Evolução; nos elementos, é associada à água e à terra, o barro, a argila; nos padrões energéticos, é associada à energia aquático-telúrica; e, nos chacras, ao esplênico. Seu principal elemento é a água; fixa-se na terra, no mineral e no cristal, absorve o vegetal e é incompatível com o fogo e com o ar.

Nos minerais, a Senhora da Evolução é associada ao ametrino e à rubelita; nos metais, à prata e ao chumbo. Nos sentimentos, relaciona-se à calma, à serenidade, à cura. Nos planetas, é associada a Saturno e, no satélite, à Lua; na numerologia, é o número seis. Nas cores, Nanã está associada ao lilás, ao roxo e branco, cores das velas que devem ser firmadas para ela. O lilás absorve energias na mesma faixa da onda ultravioleta, assim como as negativas originadas do ódio, inveja e ambição. Irradia carinho, ternura, saúde e paz, além de estimular o altruísmo e a transmutação.

Nanã é geradora de muitos axés, como das eras, da memória, do saber, da maturidade, da ponderação, da anciência e outros. No organismo humano, vibra na linfa, nos pulmões, no fígado, no pâncreas e no cérebro. Em seu aspecto positivo, é decantadora dos sentidos e, em seu aspecto negativo ou oposto, gera a senilidade. Tem domínio sobre a morte, a vida e a saúde. É a racionalíssima senhora do equilíbrio, do conhecimento, da sabedoria, da maturidade e da experiência.

O símbolo sagrado de Nanã é o ibiri, um feixe de ramos de folhas de palmeira, com base cônica e uma parte mais fina, torcida e amarrada no meio e a ponta curvada. É enfeitado com palha-da-costa e búzios. No início, esse artefato era uma vassoura feita com os talos da folha do dendezeiro, simbolizando a varredura dos restos dos mortos. É provável que por isso alguns associem Nanã às bruxas.

A Divina Mãe Nanã, poderosa e independente, é considerada a dona dos búzios e seu brajá os tem em fartura, o que remete a uma relação de Nanã com a riqueza, a realeza e o poder. Os búzios eram utilizados como moeda pelos africanos e, quanto maior a quantidade deles, maior era o poder material.

Os búzios são contas aquáticas que simbolizam a fecundação e a fertilidade, pois sua forma assemelha-se ao órgão genital feminino. Mas o simbolismo mais profundo desse elemento de Mãe Nanã, mãe justa, protetora, implacável e severa, é o da morte, pois ela é tida como a Senhora que anda de braços dados com a morte. O ibiri representa os habitantes do mundo dos mortos, todos considerados filhos de Nanã.

Essa Mãe Divina, Senhora de todos os poços d'água e das profundezas, manifesta-se e é cultuada nos lagos, pântanos, deltas e mangues, nas águas paradas e profundezas. Recebe como oferenda champanhe rosé, vinho tinto suave, licor de amora ou de framboesa, calda de ameixa ou de figo, frutas variadas, como pera, uva rosada, framboesa, amora, jabuticaba, ameixa, figo, etc. Também recebe flores do campo, lírios e crisântemos roxos ou brancos, tudo sobre pano lilás ou florido. Ela tem como ervas importantes a hortelã, a arnica, a babosa, a penicilina, a sete-sangrias, a trapoeraba, a canela-de-velho, o assa-peixe, o manacá e o mulungu, dentre outras.

A pera é a fruta símbolo de Nanã e tudo que tem forma parecida com ela lhe pertence, como o figo, a berinjela, a moringa e o útero. Nos assentamentos dessa Mãe sempre deve haver uma moringa de barro, cheia de água, com um pouco de areia branca no fundo, colhida no leito de um lago e coberta com um pano branco ou florido.

A cabaça ou poronga é a moringa vegetal de Nanã. Inteira, é denominada cabaça; cortada, é coité ou cuia. Em muitas lendas africanas a cabaça representa o pote que guarda todos os mistérios da vida, da morte e da cura. Suas sementes podem ser utilizadas em banhos diversos.

Para Pai Rubens Saraceni, Nanã tem o segredo de todas as fechaduras na criação e, em seu assentamento, jamais deve faltar uma fechadura.

Na dança, mãe Nanã, a Senhora das Origens, manifesta-se com sobriedade, por meio de movimentos lentos e compassados, porque traz em si uma energia e um magnetismo muito fortes. Seus movimentos vagarosos e cadenciados evocam água parada, lama, ancestralidade, feminilidade, sobriedade, senilidade e senioridade. Também parece estar embalando uma criança.

Nanã é guardiã de muitos mistérios e quiçá possamos levantar o véu de, pelo menos, alguns deles.

Para Nanã, o silêncio é regra de ouro!

Saudação: Saluba Nanã!

Capítulo 2

As Divindades Anciãs em outras Religiões

No passado, muitas Divindades que extrapolaram as fronteiras de um país se tornaram conhecidas de muitos povos. Em cada local assumiram um nome, mas mantiveram suas qualidades, atributos e atribuições, adaptando-se às culturas e religiosidades de diferentes povos.

As Divindades Orixás são os Tronos de Deus, que respondem pela sustentação dos diferentes espíritos que evoluem sob a orientação de suas religiões e doutrinas religiosas, fundamentadas no seu mistério maior, nas suas qualidades divinas e nos seus próprios atributos, enquanto seres gerados por Deus, justamente para auxiliá-Lo no amparo divino à Sua criação.

Em cada religião e cultura, essas Divindades são descritas e assumem formas humanas, do modo que melhor atenda às expectativas espirituais dos adeptos e seguidores. Um mistério vivo do Criador se mostra a cada um de acordo com seu grau evolutivo e a consciência que tem da criação divina, do seu meio e de si mesmo.

O Trono Feminino da Evolução, para nós umbandistas, Nanã, está presente nas diversas culturas universais, mas vamos destacá-lo em apenas algumas delas.

Hécate – Divindade grega, senhora dos mortos e da noite, protetora contra os maus espíritos.

Na Grécia Antiga, o Trono Feminino da Evolução era conhecido como Hécate, Divindade Senhora dos mortos e da noite, com o dom de proteger contra os maus espíritos. Deusa das terras selvagens e dos partos, era geralmente representada segurando duas tochas ou uma chave. A chave representa, além da posse, o poder sobre o que se tem. Hécate, a Guardiã das Chaves, era a controladora do fluxo de almas para o submundo e para o renascimento; estava associada às encruzilhadas, onde era oferendada, às entradas, à luz, à lua, à magia, ao conhecimento das ervas e plantas venenosas, aos fantasmas, à necromancia e à feitiçaria. Ela reinava sobre a terra, mar e céu; possuía um papel universal de salvadora, Mãe dos Anjos e a Alma do Mundo Cósmico. Era uma das principais deidades adoradas nos lares atenienses, como deusa protetora e como a que conferia prosperidade e bênçãos diárias à família.

Na Roma Antiga era Trívia, a deusa das encruzilhadas assombradas, conhecida como Rainha dos Fantasmas e dos cemitérios e deusa da feitiçaria e bruxaria. Trívia era uma Deusa Lunar e muito poderosa, pois ela permitia que os espíritos maus entrassem no submundo e de lá não saíssem.

Entre os nórdicos era Hell, divindade do reino dos mortos, antiga deusa da terra e aparecia com partes do corpo infectadas por doenças. A personalidade da deusa Hell difere das dos deuses do mundo inferior das demais mitologias, pois ela não é boa nem má, é simplesmente justa. Ela cuidava dos espíritos dos bondosos, dos doentes e dos idosos e lhes dava conforto, quando trazidos à sua presença. Mas impiedosamente arremessava nas profundezas geladas aqueles a quem ela julgava como maus.

Cerridwen era a divindade celta, senhora da noite e da magia, que possuía o caldeirão mágico onde decantava suas poções e que trazia o arquétipo da velha senhora detentora da sabedoria antiga.

Cerridwen – Divindade celta, velha senhora da noite e da magia, detentora da sabedoria

Ereshkigal – Divindade sumeriana e babilônica, rainha da grande terra, deusa dos mortos e do mundo subterrâneo.

A divindade sumeriana e babilônica era Ereshkigal, que significa "Senhora da Grande Habitação Inferior" ou "Senhora dos Vastos Caminhos", a "Rainha da Grande Terra", deusa dos mortos e do Mundo Subterrâneo. Tal nome indica que é a rainha do inferno, pois "vastos caminhos" ou "terras vastas" eram eufemismos para se falar do Inferno, terra cujos caminhos são infindáveis, sem rumo certo e sem retorno. Apesar de ser a rainha do inferno e governante dos demônios e dos deuses obscuros, Ereshkigal era uma grande deusa a quem foi delegado o dever de ser a juíza das almas dos mortos. Segundo os sumerianos e babilônicos, era ela quem julgava os casos dos homens e dos deuses.

Cailleach ou Buí é uma figura mitológica da Irlanda, da Escócia e da Ilha de Man, em cujas mitologias é descrita como uma mulher muito velha e lamentadora de sua velhice. Na Escócia, ela personifica o espírito do inverno, aprisionando a deusa Bríde em sua montanha no final do outono e anunciando o início do seu reinado. Com suas serventes, é a responsável pelas tempestades e conhecida como "A Velha dos Feitiços". A palavra Cailleach significa "a mãe anciã" ou "a velha" no gaélico moderno.

Na África Ocidental, o culto à Nanã, divindade muito antiga para os africanos, é praticado há muitos anos, embora não se saiba exatamente a origem desse culto no continente.

Em vasta região da África há várias lendas sobre Nanã, conhecida por diversos nomes, como Nàná Buruku, Nàná Bukìú, Nàná Brukung e outros, ou apenas Brukung, e considerada a mais velha das divindades femininas do panteão africano. Segundo algumas dessas lendas, seria a mãe de Obaluaiê (Xapanã). Há lugares em que o termo Nanã tem significado de deferência e mãe e é utilizado para pessoas idosas e respeitáveis.

Em todas as nações da África que a reverenciam, a referida divindade conserva características semelhantes, sendo a aiabá dos primórdios, ligada à água e à terra, velha e poderosa; a mesma saudação é usada para louvá-la: Saluba!

Na África, os mitos relatam que Oxalá é o criador de todos os seres vivos, especialmente do homem e da mulher, pois lhes concedeu a vida insuflando-lhes seu sopro sagrado. Porém, ele não agiu sozinho nessa tarefa, contou com a colaboração e cumplicidade da anciã Nanã, que lhe cedeu seu elemento primordial, o barro, para que cumprisse tal tarefa, determinada por Olorum. Oxalá já havia tentado realizar o pedido de

Olorum, utilizando vários elementos, sem sucesso. Apelou para Nanã, que impôs uma condição para colaborar: que seu elemento barro retornaria para ela, após a passagem da criatura pela terra. Assim, Oxalá ficou sendo o senhor da vida e Nanã, a senhora da morte.

Nanã, a senhora das águas paradas, dos lagos, dos pântanos e lagoas, das areias movediças e das poças de água, é definida como início, meio e fim. É a senhora da lama, síntese dos elementos primordiais. É muito controvertida no panteão africano, pois ora é a mãe e avó carinhosa e paciente, ora é perigosa e vingativa, amarga e ressentida.

No Catolicismo, Nossa Senhora Santana ou Sant'Ana

Ana, na tradição católica, foi a mãe da Virgem Maria e avó de Jesus Cristo. Dados biográficos, legados pelo Protoevangelho de Tiago, relatam-nos que Sant'Ana em hebraico significa "graça". Ana casou-se com Joaquim e o casal, judeus piedosos e obedientes às leis judaicas, vivia em Jerusalém, próximo ao Templo, prósperos e com vida tranquila. Mas, apesar de virtuoso, o casal não fora abençoado com filhos, o que levou o sacerdote do Templo a reprovar Joaquim, por ser, entre as tribos de Israel, o único a não ter descendência, quando Ana já era idosa e estéril. A mulher estéril era vista como amaldiçoada por Deus e o casal sofria muito por isso.

Confiando no poder divino, durante 40 dias Joaquim se retirou no deserto, jejuando e orando. Ana, em Jerusalém, e Joaquim, no deserto, foram visitados por anjos que lhes comunicaram que Deus ouvira seus pedidos.

O anjo disse à Ana: "O Senhor ouviu teu choro. Conceberás e darás à luz e, por toda a Terra, se ouvirá falar de Maria, a tua filha".

Joaquim voltou ao lar e algum tempo depois Ana ficou grávida de Maria.

No dia 8 de setembro do ano 20 a.C., em Jerusalém, "nasceu a menina que recebeu o nome de Miriam, que em hebraico significa Senhora da Luz e, traduzido para o latim, ficou Maria" (Diamantino F. Trindade, Ronaldo Antonio Linares e Wagner Veneziani Costa – *Os Orixás na Umbanda e no Candomblé* – Madras Editora).

Quando completou 3 anos, Maria foi levada ao Templo pelos pais Ana e Joaquim, para ser educada, uma vez que Ana fez voto de consagrar a menina a serviço do Templo. Lá, Maria foi educada e permaneceu até os 12 anos de idade.

Quadro "A Virgem e o Menino com Santa Ana", de Leonardo Da Vinci (1513).

Nanã Buruquê, considerada o mais velho Orixá feminino do panteão afro, facilmente encontrou correlação na avó de Jesus, a mais velha das santas católicas. Para o escravizado negro africano, forçado a aceitar a cultura imposta e a religião do branco, a avó de Jesus foi facilmente comparada à velha Nanã.

No Oriente, a devoção à Santa Ana e a São Joaquim, os pais de Maria, é bastante antiga, desde os primeiros séculos da nossa era. No Ocidente, o culto tem início apenas no século VIII, no ano de 710, na Alemanha.

A festa de Sant'Ana foi fixada pelo Papa Leão XIII no dia 26 de julho, data em que na Umbanda também comemoramos e louvamos Nanã Buruquê. Nesse dia também se comemora o "Dia dos Avós".

Em Cuba, Nanã Buruku, a mais antiga mãe aquática, das águas paradas dos lagos e lamacentas dos pântanos, é sincretizada com Nossa Senhora do Carmo ou Santa Teresa de Ávila.

Capítulo 3

Mãe Nanã na Coroa Divina

Um ser manifestador de uma qualidade divina só assume a condição de Divindade se for em si mesmo essa qualidade.
R. Saraceni – *Orixás – Teogonia de Umbanda*

Nanã é uma Divindade, um Trono Divino, um mistério de Deus. Uma Divindade é um ser gerado em Deus, qualificado em uma das Suas qualidades, amadurecido em Seu interior e exteriorizado por Ele como gerador e irradiador natural da qualidade divina, do mistério com o qual foi distinguido.

Tronos são a classe de Divindades que geram as menores partículas, os chamados fatores divinos, que estão na origem de tudo e manifestam suas qualidades por meio de magnetismos, vibrações, irradiações energéticas, graus hierárquicos, mentais, naturezas e sentidos.

Anterior aos Tronos, só Deus!

Nanã está assentada na Coroa Divina como o Trono Feminino da Evolução, que movimenta a essência da Evolução, que vibra Evolução o tempo todo. Suas irradiações fluem constantemente em todos os níveis e alcançam tudo e todos, estimulando a busca da transmutação e de procedimentos maduros e sábios. Tudo no Universo procede de Deus como princípio criador e é regido por leis, que regulam desde a harmonia de um átomo até a harmonia do Universo como um todo. Em Deus, princípio Criador, não existem diferenças macro ou microscópicas.

Na Teogonia de Umbanda, entendemos que cada divindade é responsável por um aspecto divino que rege a criação. À Mãe Nanã, dentre outras, coube a qualidade decantadora. Ela é um Orixá água-terra, que polariza com Pai Obaluaiê, seu par natural na linha da Evolução ou da sabedoria; ela decanta os excessos, os vícios, e concentra os seres. Ela é o polo feminino, ativo, cósmico, absorvente; ele é o polo magnético masculino, passivo, positivo e irradiante. Ambos são Orixás de magnetismos mistos (água e terra) e cuidam das passagens dos estágios evolutivos. Por exemplo, no espírito que vai reencarnar, enquanto Nanã o decanta e adormece sua memória, para que não se lembre do que vivenciou, Obaluaiê o envolve em uma irradiação especial e reduz seu corpo energético já adormecido ao tamanho do feto no útero materno.

Mãe Nanã atua nos elementos água-terra e Obaluaiê, seu par, atua nos elementos terra-água. Ambos são Orixás duais, pois são bienergéticos. Obaluaiê é ativo no fator telúrico e passivo no fator aquático; Nanã é ativa no fator aquático e passiva no telúrico. Essa linha da Evolução que nos elementos é bielemental, nos padrões energéticos é associada à energia telúrico-aquática; nos sentidos, à evolução; e nos sentimentos, à flexibilidade, à transmutabilidade, à maturidade, ao racionalismo, à sapiência e a muitas outras qualidades.

Obaluaiê concedeu a Nanã a posse do fator transmutador, em troca da posse do fator decantador. Mas nesse campo de atuação há certas diferenças, pois Mãe Nanã é cósmica e atua na vida do ser como um recurso evolutivo, independentemente de sua vontade, quando é necessário transformar sua evolução, que tomava um rumo incorreto para ele e para os que estavam à sua volta. Seu campo de atuação preferencial é o emocional dos seres, que, ao receberem suas irradiações, se aquietam e chegam a ter suas evoluções paralisadas.

Mãe Nanã é um Orixá sagrado e já foi interpretada por muitos, a partir de suas manifestações exteriores, como guardiã dos pântanos e do lodo, senhora da morte, a divindade mais velha, mãe de Obaluaiê, etc. Porém, todas essas interpretações são meras concepções humanas de um mistério divino, da Divindade Nanã.

Deus é o Criador e Mãe Nanã é a Divindade decantadora e aplicadora da transmutação divina; ela é a sapiência de Olorum e não pode ser dissociada Dele, assim como todos os outros Orixás, Suas demais qualidades, Tronos sagrados distribuídos por toda a Criação.

Em seu aspecto interno, O Divino Criador Olorum é o princípio uno Criador, que tudo realiza e, em seu aspecto externo, individualiza seus mistérios nas suas Divindades, os Orixás, presentes em toda a Criação.

ORIXÁS – TRONOS DE DEUS

Deus, o Criador supremo, gerou toda a criação e se manifesta por meio de sete qualidades primordiais, o chamado Setenário Sagrado ou Coroa Divina, Tronos de Deus, classes de Divindades que sustentam todas as religiões. Deus e suas Divindades emitem continuamente um fluxo de ondas – as Sete Vibrações Divinas – que sustentam e energizam permanentemente tudo o que Ele emana e serviram de meio para Deus dar início à Sua criação exterior.

Esses sete mistérios, com suas Divindades, formam uma Coroa divina que sustenta tudo no exterior do Divino Criador e são indiferenciados, pois não são masculinos nem femininos, positivos ou negativos.

SETENÁRIO SAGRADO – A COROA DIVINA		
Linha	Mistério-Sentido-vibração	Essência – Elemento	Trono – Orixá
1ª	Da Fé	Cristalino	Da Fé
2ª	Do Amor	Mineral	Do Amor
3ª	Do Conhecimento	Vegetal	Do Conhecimento
4ª	Da Justiça	Ígneo	Da Justiça
5ª	Da Lei	Eólico	Da Lei
6ª	Da Evolução	Telúrico	Da Evolução
7ª	Da Geração	Aquático	Da Geração

Esses Sete Tronos são essenciais, são o percepcional divino, e os nomes dessas Divindades não foram revelados. São o Alto do Altíssimo, são sete estruturas básicas que se desdobram em sete pares de Orixás, no primeiro plano da vida ou plano fatoral.

Todos os sagrados Orixás são tronos de Deus; são emanações, irradiações divinas que regem tudo, inclusive o planeta Terra e as múltiplas dimensões da vida aqui existentes. Atuam por telas planetárias multidimensionais, onde tudo reflete. São códigos genéticos divinos, também identificados com os fatores divinos, com a natureza terrestre, com os sentidos da vida e com a natureza íntima dos seres.

Cada Trono se desdobra de forma bipolarizada em trono masculino e feminino, universal e cósmico, passivo e ativo, irradiante e absorvente, positivo e negativo etc., complementando-se na mesma qualidade, engendrando os sete pares ou 14 Orixás que fundamentam o panteão umbandista.

Os Orixás universais atuam no lado luminoso, nos níveis positivos, a partir da Direita. São portadores de uma natureza passiva, tolerantes conosco e nos veem por meio das nossas capacidades de modificarmos as condutas negativas, assumindo uma evolução virtuosa.

Os Orixás cósmicos atuam nos níveis mais densos, a partir da Esquerda. São intolerantes com nossos erros, falhas e "pecados". Porém, com nosso arrependimento, podemos recorrer a eles para que nos ajudem em nossa transformação. Um Orixá cósmico, a seu modo, ama os seres colocados sob sua irradiação direta, aquietando-os e redirecionando-os a uma evolução sadia, sólida e ordenada. Quando alguém está caindo vibratoriamente, eles não se sensibilizam com nossas falhas, porém nos auxiliam em nossa evolução porque nos amam e também querem ser amados, respeitados e adorados.

\multicolumn{5}{c}{**ORIXÁS UNIVERSAIS E CÓSMICOS**}				
Trono	**Orixás Universais**	**Qualidades**	**Orixás Cósmicos**	**Qualidades**
Da Fé	Oxalá	Fé, esperança, fraternidade, humildade, congregação, perdão, simplicidade.	Logunan Tempo	Religiosidade, retidão, rigor, esgotadora de desequilíbrios.
Do Amor	Oxum	Amor, agregação, concepção, candura, compaixão, afetividade, prosperidade.	Oxumaré	Diluição dos desequilíbrios e desarmonias, moralidade, respeito, renovação.
Do Conhecimento	Oxóssi	Conhecimento, doutrinação, aconselhamento, busca, fartura, nutrição, saúde.	Obá	Concentração, caráter, verdade, firmeza, rigor, fixação, absorção, retidão.
Da Justiça	Xangô	Justiça, equilíbrio, razão, juízo, sensatez, equidade, purificação, abrasamento.	Oroiná	Purificação, equilíbrio, justiça, entusiasmo. Consome vícios e desequilíbrios.
Da Lei	Ogum	Lei, ordem, retidão, lealdade, rapidez mental, movimento, liberdade, proteção, virtuosismo.	Iansã	Direcionamento, agilidade, movimento, determinação, controle, lealdade, encaminhamento de seres desequilibrados.
Da Evolução	Obaluaiê	Evolução, estabilidade, transmutação, mudança de situação, cura, regeneração, vontade de seguir em frente.	Nanã	Maturidade, racionalidade, flexibilidade, persistência, sapiência, maleabilidade, absorção e decantação.
Da Geração	Iemanjá	Criação, geração, cuidado, sentimento, vida, maternidade, amparo, proteção.	Omolu	Paralisação dos vícios e desvirtuamentos, rigor; cura do corpo e da alma, senhor dos mortos.

Cada Orixá Maior comanda sete Orixás Intermediários e cada um destes comanda mais sete Intermediadores ou regentes de nível. Abaixo destes estão os Orixás Naturais, Encantados e os Guias Espirituais que se manifestam na vibração deste ou daquele Orixá.

Nesse nível dos mistérios divinos, podemos acrescentar o trono gerador do fator vitalizador, Orixá Exu; o trono gerador do fator estimulador, Orixá Pombagira, o trono gerador do fator intensionador, Orixá Exu Mirim e o trono gerador do fator interessador, Orixá Pombagira Mirim, pois criam nos seres as condições de alterarem seus comportamentos e fornecerem recursos e estímulos para que as mudanças aconteçam.

• Exu – masculino, trono da vitalidade, mistério do vazio, qualidade vitalizadora de Olorum.

• Pombagira – feminina, trono dos desejos, mistério dos abismos, qualidade estimuladora de Olorum.

• Exu Mirim – masculino, trono das intenções, mistério do nada, qualidade das intenções de Olorum.

• Pombagira Mirim – feminina, trono dos interesses, mistério dos precipícios, qualidade dos interesses de Olorum.

Um Orixá é uma Divindade-Mistério do Divino Criador, responsável por uma parte da criação, manifestadora de algumas de Suas qualidades e irradiadora de Seus mistérios, que traz em si uma frequência vibratória mental só sua, com todos os poderes e qualidades existentes na criação, que fluem para tudo e para todos. Cada Divindade é plena em si e é um caminho evolutivo no amparo e na sustentação da vida dos seres, com todos os recursos necessários capazes de suprir as necessidades de seus filhos.

MÃE NANÃ É CÓSMICA

Em todos os aspectos do Criador, da criação e das criaturas, existem dois polos magnéticos. Essa polaridade pode ser irradiante ou concentradora, expansionista ou contracionista, expansiva ou isolante, universal ou cósmica, passiva ou ativa, positiva ou negativa, masculina ou feminina e assim por diante.

As divindades naturais cósmicas, por meio de seus fatores reativos, atuam nos níveis negativos, aos quais são recolhidos os seres que se desvirtuaram, desequilibraram, negativaram, regrediram espiritualmente. Tais divindades são sóbrias, concentradoras, monocromáticas, ativas, implacáveis, rigorosas, intolerantes. Agem para esgotar os negativismos, descarregar os emocionais e reorientar as evoluções, criando novas condições de vida, onde podem despertar novamente as qualidades e dons originais.

Mãe Nanã é uma divindade feminina, cósmica, atemporal, ativa e de magnetismo negativo, absorvente, dual e bipolar. É a energia que flui e, por seu magnetismo irradiador, ativa os seres, movimentando-os. Seu campo preferencial de ação é o emocional dos seres que, ao receberem suas irradiações, se aquietam, até que tudo passe por uma decantação completa de seus vícios e desequilíbrios mentais.

MÃE NANÃ É DUAL E ATIVA

Dizemos que Mãe Nanã é dual porque manifesta duas qualidades ao mesmo tempo. Uma relacionada à sua natureza aquática: fixa seu fator e flui de forma ativa, dando maleabilidade, desfazendo o que está paralisado ou petrificado. Outra, relacionada à sua natureza telúrica: fixa seu fator e flui de maneira passiva, concentra e vai decantando, tudo e todos, dos seus vícios, desequilíbrios e negativismos. Em outras palavras, Nanã é Orixá bielemental, aquático-telúrica, pois seu fator tanto se fixa na água como na terra. Na água, de forma ativa e, na terra, de forma passiva. A natureza da terra é sólida e sua qualidade é a firmeza, mas a terra também é seca. Se acrescentarmos água à terra, teremos uma substância mista, pois a água é úmida e líquida. Como são dois elementos, surge uma substância mista, que não é água nem terra, mas sim terra úmida, água terrosa ou barro.

Mãe Nanã, por sua dualidade, traz em si a qualidade divina de decantar os excessos e enterrar os vícios e negativismos em seu lodo ou barro, preparando os seres para retomarem o caminho evolutivo, por meio da reencarnação.

Naturezas positivas ou negativas, ativas ou passivas correspondem a polaridades que alcançam todo o Universo, do micro ao macrocosmo. A natureza positiva é aquela em que a energia, desdobrada do polo positivo da energia divina, estabiliza e sustenta tudo o que é tangível aos nossos sentidos. A natureza negativa é aquela em que a energia é sinônimo de ação, movimento e instabilidade, não é tangível por nós, mas podemos senti-la e vê-la, como, por exemplo, os raios da luz solar.

MÃE NANÃ É ATEMPORAL

Os mistérios e Divindades de Deus atuam e se manifestam de modo atemporal ou temporal, em dimensões ou faixas vibratórias coexistentes num mesmo espaço, separadas por diferentes escalas vibratórias e frequências e distintos graus magnéticos e evolutivos.

Temporal é sinônimo de tempo. As ondas temporais seguem o ritmo da Criação e sempre avançam para os planos posteriores, seguindo seu fluir expansionista. São estáveis, permanentes, dão estabilidade a tudo e a todos, criando o ritmo, a cadência, a perenidade. Todos os Tronos Universais são temporais.

As divindades temporais se manifestam permanentemente com a mesma carga energética, pois são regidas pelos ciclos e ritmos da criação. Suas irradiações não se alteram nunca e sustentam a criação em sua totalidade. As divindades temporais são regidas pelo fator tempo e, em suas atuações, por meio dos ciclos e ritmos da Natureza, regem a evolução da criação e dos seres. São estáveis e imutáveis.

As divindades atemporais não são regidas pelo fator tempo em suas atuações, não dependem do tempo e não são regidas pelos ciclos e ritmos da Criação. São Tronos Atemporais porque não atuam a partir de um ponto fixo ou de um ponto de forças magnético. Elas, onde estiverem, assentam-se e, ali mesmo, desdobram-se e começam a atuar. A intensidade e a carga energética de suas irradiações aumentam ou diminuem conforme as necessidades do meio ou de um ser que nele vive. Se um ser estiver em desequilíbrio vibratório e energético em seu meio, pode deixar de captar e ser beneficiado por tais irradiações. Todos os Tronos Cósmicos são atemporais, concentradores e ativos. Nanã, a Senhora das Eras, é regente cármica de uma linha cósmica e atemporal, o Trono Feminino da Evolução.

As ondas atemporais surgem em todos os planos da vida a partir de gigantescos vórtices energéticos, magnéticos e eletromagnéticos e projetam-se para dentro do plano onde surgiram e também para outros planos da vida. São denominadas atemporais porque não seguem os ritmos e ciclos da Criação e tanto avançam para dentro do seu plano de origem quanto avançam na linha do tempo para os planos posteriores, quanto recuam nela para os planos anteriores. Essas ondas são instáveis, cíclicas e criam o movimento em cada um dos sete planos da vida, com alternância e transformação, criando o próprio tempo e seus ciclos.

Um dos atributos do Trono do Tempo (Mãe Logunan) é a Lei do Carma, aplicada na vida dos seres por meio das atribuições de todos os outros Orixás. Para aqueles que subverteram os princípios básicos da Lei Maior, o Tempo é a própria sentença em execução.

Magneticamente falando, Mãe Nanã é um degrau de natureza cósmica e ativa; é o Orixá Feminino que rege sobre a Evolução e decanta os seres de seus vícios e desequilíbrios. Ela tem poder sobre o tempo.

Capítulo 4

Os Fatores Divinos do Trono Feminino da Evolução

Na Umbanda Sagrada aprendemos a entender os atributos divinos dos Orixás, suas naturezas elementais básicas, seus mistérios, hierarquias e as energias que irradiam, denominados fatores divinos.

Fatores, segundo Pai Rubens Saraceni, são qualidades doadas por Deus, irradiações divinas, energias vivas e verdadeiros códigos genéticos energéticos que estão na origem e formação de tudo e em todos os lugares, inclusive das Divindades e das suas hierarquias. São as menores partículas energéticas vivas criadas pelo Divino Criador e o meio do verbo divino se realizar como ação. Cada fator é em si mesmo uma ação realizadora do significado do verbo que o identifica.

Deus é agregador, ordenador, geracionista, expansor, congregador, evolutivo, conceptivo, equilibrador, concentrador, paralisador, racionalizador e detentor de todas as outras infinitas qualidades divinas. Cada Divindade desenvolve uma natureza pura, totalmente identificada com o fator que a imantou em sua geração.

Cada uma dessas partículas eletromagnéticas, as menores da criação, ou fator, é detentora de uma qualidade, uma função, uma característica. Os Orixás e a ancestralidade divina que todos temos se explicam por esses fatores de Deus, gerados na energia divina e que, após se unirem, formando estruturas muito bem definidas, reproduzem-se continuamente.

Temos dificuldade para expressar em palavras o nome ou significado complexo de cada fator. Por isso, os fatores que conhecemos foram nomeados por Pai Rubens Saraceni de forma muito simples, por meio dos verbos realizadores que os representam.

No livro *Fundamentos de Umbanda Sagrada*, Pai Rubens nos diz: "voltemo-nos para a Bíblia Sagrada e nela vamos ler algo semelhante a isto:
- E no princípio havia o caos.
- E Deus ordenou que do caos nascesse a luz, e a luz se fez.
- E Deus ordenou tudo e tudo foi feito segundo Suas determinações verbais e o verbo divino, realizador por sua excelência sagrada".

Identificou nas determinações dadas por Deus a essência de suas funções ordenadoras e criacionistas. Assim explicado, o "verbo divino" é uma função e cada função é uma ação realizadora que se realiza por meio dos fatores de Deus.

"Uma onda fatoral divina é tão completa em si, que rege todas as coisas originadas em sua qualidade; influi sobre a formação de tudo o que tem nela sua origem; alcança tudo e todos nos vários quadrantes do universo ou da tela plana que demonstra o lugar ocupado por cada divindade; e está presente na vida de todos os seres" (Rubens Saraceni).

As Divindades adaptam os fatores que receberam de Deus aos seus próprios padrões magnéticos, energéticos e vibratórios e, à medida que vão se desdobrando, geram-nos em grande quantidade, originando suas hierarquias divinas e multiplicando esses seus fatores. Os fatores são portais de acesso às Divindades e muitos são os seres de natureza divina manifestadores desses mistérios e muitas as suas hierarquias.

Os fatores atuam sobre nós o tempo todo, estimulando-nos, energizando-nos e elevando-nos, quando nossos sentimentos são virtuosos, ou nos paralisando, quando os sentimentos íntimos são negativos e estamos em desarmonia com o Criador; nós os absorvemos pelos elementos e energias.

A celestial Nanã rege, do alto ao embaixo, uma linha de forças essenciais, com desdobramentos que fazem surgir a Ancestral Nanã, a Elemental Nanã, a Encantada Nanã, a Natural Nanã, as Nanãs Intermediárias ou mistas, todas elas Orixás ou Divindades.

Os Orixás Intermediários do Trono da Evolução, assim como os demais Orixás, são irradiadores parciais das vibrações planetárias ancestrais. Eles se projetam nos tronos específicos locais que existem em cada um dos níveis evolutivos ou planos da vida.

Primeiro plano da vida – plano fatoral ou divino
Segundo plano da vida – plano virginal ou essencial
Terceiro plano da vida – plano elemental ou energético
Quarto plano da vida – plano dual ou bienergético

Quinto plano da vida – plano encantado ou trienergético
Sexto plano da vida – plano natural ou polienergético
Sétimo plano da vida – plano mental ou consciencial

FATORES DE MÃE NANÃ

Muitos são os fatores do Trono Feminino da Evolução, como o evoluidor, o transmutador, o decantador, o sabedor, o memorizador, o adormecedor, o conscientizador, o curador, o amadurecedor, o racionalizador, o fixador, o concentrador, o flexibilizador, o cadenciador, o maleabilizador, o absorvedor, o varredor, o afastador, o benzedor, o temporizador, o retrocededor, o reciclador, o diluidor, o encharcador, o abrejador, o açudador, o magnetizador, o modelador, o delimitador, o lentador, o aquietador e outros. A gama de fatores gerados e irradiados por Mãe Nanã é tão grande que, até hoje, ninguém conseguiu conhecer todos os seus mistérios e funções na Criação.

Os fatores ligam-se uns aos outros por meio de ligações eletromagnéticas, se pertencentes a um mesmo grupo de frequências afins. Os fatores exercidos pela Divindade Nanã são muitos e interligados, pois se relacionam entre si; mas, por motivos didáticos, vamos comentar apenas alguns.

FATOR EVOLUIDOR – Nanã-yê, a Senhora da Evolução, gera e irradia de si o tempo todo o fator evoluidor, cuja função é recolocar todos os seres em seus caminhos evolutivos. Após terem passado pelo processo de decantação de seus negativismos, transmutando-os, Nanã irradia suas vibrações estabilizadoras e racionalizadoras, despertando nos seres uma consciência racional que permitirá, a partir de então, se conduzirem com mais equilíbrio, maturidade e sapiência em seus novos caminhos evolucionistas concedidos pelo Divino Criador Olorum.

FATOR ADORMECEDOR – A função desse fator gerado e irradiado por Nanã-yê é adormecer a memória espiritual dos seres para posterior reencarnação. Após terem passado por todo processo de decantação, transmutação e conscientização, Nanã envolve o espírito que irá encarnar, irradia em seu mental o fator, adormecendo-o e, assim, impede que o ser se recorde de vivências anteriores, sejam elas positivas ou negativas, para não ocorrer interferência em sua nova "vida", conforme a Lei da reencarnação. Nessa nova etapa, resgatarão seus débitos e desenvolverão novas faculdades, dons e conhecimentos, para evoluírem em outros sentidos da vida.

FATOR DECANTADOR – Nanã-yê é a divindade decantadora por excelência, pois gera e irradia de si o tempo todo o fator decantador, cuja função é separar, filtrar e depurar todas as impurezas ou excessos vibrados e cometidos pelos seres, livrando-os de seus vícios e desequilíbrios mentais e emocionais. A Divina Mãe Nanã ativa sua irradiação aquática, decantando todo o negativismo e tudo que atrasa a evolução na criação e na vida dos seres. Essa qualidade decantadora realiza uma espécie de "filtragem" de energias densas e desequilibradas no sentido que o ser está negativado naquele momento e, nesse processo de "separação", permite também "arear" com sua vibração telúrica os sentidos não "contaminados"; com isso, enaltece o que no ser está positivado. É dessa forma que Nanã depura os emocionais desequilibrados e prepara lentamente os seres para uma nova "vida", com menos emotividade e mais racionalidade, equilibrando-os.

FATOR MALEABILIZADOR – Nanã gera e irradia o tempo todo de si, por meio do seu primeiro elemento, o aquático, o fator maleabilizador, cuja função é dar maleabilidade aos seres que estavam paralisados, petrificados ou endurecidos em suas evoluções, sob a irradiação de seu segundo elemento, o telúrico. A junção água-terra forma o "barro", que permite aos seres "já esgotados" absorverem positivamente novos valores e conceitos, tornando-os permeáveis. Nanã os estabiliza para se conduzirem de forma madura e equilibrada em um novo caminho. A partir de então, estarão prontos para serem recolhidos por Obaluaiê, que os remodelará, e numa nova forma (encarnação) retomarão sua jornada evolucionista.

FATOR PARALISADOR – Nanã gera e irradia de si o tempo todo o fator paralisador. Com suas irradiações telúricas, magnetiza o racional dos seres e com suas irradiações aquáticas desenergiza todo emocional desequilibrado, paralisando-os momentaneamente até que esgotem e depurem todo o negativismo, no sentido da vida em que se desequilibrou. Essa imobilidade conduz os seres a aquietarem-se racional e emocionalmente, impedindo, assim, quedas maiores e prejudiciais em suas evoluções.

FATOR RETROCEDEDOR – Nanã-yê gera e irradia o tempo todo de si o fator retrocededor. Esse fator se realiza nos domínios do Tempo. A Divina Mãe Nanã faz o tempo retroceder ou faz com que os seres que se negativaram retrocedam no tempo e retomem suas evoluções retas, a partir do momento em que se desviaram, para que a falha em um dos sentidos seja reparada e pendências passadas resgatadas.

Nanã-yê é o único Orixá que tem domínio total sobre o Tempo e tanto faz com que ele gire para a frente, fazendo os seres evoluírem, como faz ele girar para trás, fazendo os seres retrocederem.

"Mamãe Nanã entra na vida dos seres independentemente de suas vontades, para transformar uma evolução que estava indo para uma direção incorreta num recurso evolutivo, tanto para o ser em questão, como para os seres à sua volta." (Adriano Camargo)

Capítulo 5

Mãe Nanã e a Evolução

Evolução é a razão básica da existência do ser.
Existimos para evoluir.

Mestre Rubens Saraceni

Evoluir significa crescer, aprimorar, lapidar, transformar, transmutar, desenvolver mentalmente, passar de um estágio a outro, ascender em uma linha de vida de forma contínua e estável. Significa uma renovação contínua do ser, uma reposição constante de valores, deixando para trás conhecimentos ultrapassados, hábitos e costumes inadequados, atitudes e posturas velhas e decadentes. Significa procurar continuamente o movimento e a estabilidade em nossas vidas.

Nossa evolução e ascensão espiritual são orientadas pelas sete linhas do setenário sagrado (fé, amor, conhecimento, justiça, lei, evolução e geração), que seguimos até de forma inconsciente, trilhando uma ou várias delas ao mesmo tempo.

Já sabemos que as menores partículas da criação, fundamentais a tudo o que existe e que estão na origem de tudo, são os fatores divinos, irradiações que se reproduzem contínua e infinitamente. É a partir deles que Deus dá início às suas criações divinas. Cada fator ou micropartícula tem uma qualidade, uma característica e uma função única e fundamental a tudo que existe. Nesse processo, o fator evolutivo ou transmutador cria as condições para que ocorram novas ligações e surjam novas coisas. Permite a passagem de um estado a outro e cria as condições para que coisas afins se agreguem, originando outra coisa composta e útil à vida.

O poder transformador tem a finalidade de proporcionar aos meios e aos seres as condições ideais para que possam avançar em suas evoluções. Tanto a matéria quanto nós, os espíritos humanos, estamos sujeitos a transmutações. Em nós, ora elas acontecem em nível consciencial, ora em nível emocional, ora em nível físico, ora em nível espiritual, etc.

O princípio da evolução atua sobre nós, regulando em nosso íntimo as qualidades regidas pelo Sentido da Evolução, como a maturidade, a sapiência, a adaptabilidade, o senso do auxílio, o socorro, a fraternidade, etc.

Todos nós temos em nosso interior um potencial de incrível poder transformador e, junto da evolução pessoal, devemos desenvolver ações amorosas e engrandecedoras, para eliminarmos os bloqueios que atrapalham nossa evolução. De encarnação em encarnação, como seres espirituais, vamos evoluindo e ascendendo, recebendo as mais variadas influências fatorais em nosso mental e, aos poucos, revelamos nossa natureza íntima.

A evolução é uma situação pessoal. Ninguém evolui no lugar do outro ou pelo outro. E o mais importante é que ninguém evolui de forma isolada; ninguém evolui sozinho. O próprio universo é um fantástico entrelaçamento de forças e formas em constante evolução.

"A evolução é um princípio divino que acontece independentemente de nossas vontades. É Lei estabelecida que dá movimento a tudo no Universo. Se tudo evolui, nada permanece estático. Esse movimento constante é benéfico, pois permite aos seres mudarem suas situações de vida e suas condições de vivência das coisas divinas. O movimento é sadio, é chance para os humanos. O fato é que grande parte não faz suas escolhas de modo correto, pois é comandada por valores que não estão de acordo com as leis do Divino Criador." Mestre Pena Branca[1]

Deus gera todos os seres com o mesmo potencial evolutivo. Um ser bondoso, que desenvolve um magnetismo positivo, atrai cada vez mais vibrações elevadas, sutis e luminosas das faixas vibratórias positivas, saturadas dos mais diversos tipos de fatores divinos. A abertura de faculdades mentais é evolução; é avanço conscientizador e racional. A Lei que rege a encarnação adormece nossas faculdades mentais para encarnarmos; não as apaga ou fecha, apenas adormece, para que elas, pouco a pouco, despertem ordenadamente, durante nossa evolução humana nos sete sentidos da vida.

Os seres que se virtualizam cada vez mais, encarnados ou em espírito, mais e mais vão absorvendo as partes positivas dos fatores, que vão abrindo suas faculdades mentais e sutilizando seus corpos energéticos e

---

1. *Sermões um Mestre Pena Branca*, Lurdes de Campos Vieira – Madras Editora.

chegam a um momento em que são só luzes, irradiadas pelos seus mentais. A abertura de faculdades positivas lhes proporciona mais entendimentos, conhecimentos, sensibilidade, agilidade mental no raciocínio e mais compreensão de Deus, de suas divindades e de toda a Criação divina, chegando a um ponto em que também se divinizam.

O fato é que os seres, na origem, foram magnetizados pelos Tronos de Deus, com um padrão vibratório específico, análogo ao deles. E, se alguém foi magnetizado por Nanã, sua natureza é decantadora, assim como sua postura natural é análoga à da Orixá Nanã.

Da mesma forma que Deus gera todos os seres com o mesmo potencial evolutivo, também os gera com as mesmas possibilidades de regredirem, se não usarem esse potencial de maneira correta. Um ser maldoso, que desenvolve um magnetismo negativo, atrai cada vez mais vibrações baixas e densas das faixas vibratórias negativas, com poucos fatores. Destaca-se, então, o fator que tem a função de bloquear as suas faculdades mentais. O fechamento de faculdades mentais é regressão. É o retorno à emotividade e ao instintivismo.

Se um encarnado começa a dar mau uso a uma de suas faculdades mentais, a princípio, a divindade responsável por ele apenas interrompe o fluxo do fator que gera e lhe envia. Com o passar do tempo, o ser começa a sentir desinteresse pelas atividades relacionadas à faculdade em questão e volta-se para outras atividades. Esse mau uso constante implicará um rompimento e fechamento automático da onda fatoral que o mantém ligado à divindade responsável e o ligará a um polo eletromagnético esgotador do negativismo surgido.

Na dimensão espiritual, se negativarem seus magnetismos mentais, por mau uso das faculdades, elas começam a ser paralisadas, pela interrupção do fluxo energético que as alimenta a partir dos próprios seres. Os espíritos não morrem, porém regridem, pois são fechadas as suas faculdades mentais e são abertas fontes geradoras de instintos básicos ou de sobrevivência.

Os polos magnéticos negativos puxam os espíritos para seu nível vibratório, onde esgotarão seus negativismos por meio da dor. As energias desses locais, ao serem absorvidas, provocam, nos corpos energéticos, reações tão doloridas, que os deformam, regredindo-os às formas animalescas. Isso é regressão. Daí em diante, esses seres serão movidos só pelo instinto.

A Lei Maior atua na vida dos seres por um processo automático estabelecido pelo Divino Criador, que independe das divindades, pois Ele só concedeu a Pai Obaluaiê e à Mãe Nanã a regência sobre a Evolução, que, em si mesma, é exclusiva do nosso Pai Criador. Em todas as situações que se nos apresentam, temos duas opções:

• a primeira é respeitar as Ordens Divinas, trilhando o caminho do bem e sermos amparados e ajudados pelos Orixás Universais, que nos auxiliarão a vencer nossas dificuldades e evoluir. Mesmo os Orixás Cósmicos, neste caso, nos darão amparo e proteção contra magias negativas, ataques externos, etc.

• a segunda opção é trilharmos um caminho negativo e sermos atraídos para os campos absorvedores dos Orixás Cósmicos, que esgotarão nossos negativismos, até que recuperemos nosso equilíbrio.

O Orixá que desperta em cada um de nós a vontade irresistível de seguir adiante, de alcançar um nível de vida superior, para chegar mais perto de Deus é Pai Obaluaiê, o Orixá do bem-estar, da busca de melhores dias, de melhores condições de vida, de sabedoria e razão.

Mãe Nanã é a divindade feminina gerada por Olorum em Sua onda evolutiva, regente da maturidade e dos magnetismos, atuando no racional e no emocional dos seres. Há fatores puros que se fundem com as partes de outros fatores e fatores duplos desde a origem.

Esse é o caso do fator evolutivo de Mãe Nanã, um composto duplo aquático-telúrico, desde sua origem em Deus. Ele é sinônimo de crescimento, pois permite que coisas menores se liguem e deem origem a outras, pela passagem de um estado a outro. Para que algo novo surja, é necessário que um estado anterior das coisas seja paralisado, desenergizado, desmagnetizado e desagregado, senão deformará o que ali vier a ser criado.

As correntes eletromagnéticas são positivas, com magnetismo irradiante, ou negativas, com magnetismo absorvente. Destinam-se a reter em seu campo magnético os seres afinizados com suas energias. Nas faixas positivas, eles vão se tornando cada vez mais irradiantes. Já nas faixas negativas, o ser vai se tornando concentrado, direcionado a um só dos sentidos da vida, até que reassuma seu emocional e retome a evolução nos sete sentidos.

O acúmulo energético que acontece no mental de um ser, com a vivenciação íntima de sentimentos positivos ou negativos, é magnetismo. Isso irá atraí-lo para faixas vibratórias afins com suas vibrações, para a evolução ou para o fechamento das suas faculdades mentais.

Mãe Nanã, com seu magnetismo decantador, também é responsável por dividir a Criação em faixas vibratórias, delimitadas pelas vibrações, magnetismos e energias, pois não existem "limites" separando esses espaços. Na dimensão espiritual existem faixas superiores (da Luz, positivas, irradiantes, luminosas) e faixas inferiores (das trevas, negativas, não irradiantes, sem luz).

Se no plano material o ser for virtuoso, ascenderá às esferas de Luz; porém, se ele se entregar aos vícios emocionais, desenvolverá um magnetismo negativo que o atrairá para o polo negativo da evolução humana. São as atrações magnéticas, regidas pela Lei das Afinidades.

As faixas de magnetismos negativos têm a função de concentrar o ser, tolher seus movimentos, anular seu livre-arbítrio e submetê-lo a um meio energético cujas energias alterarão seu emocional e racional negativados, pois vibrar ódio é desumano.

Capítulo 6

O Mistério Decantação Divina

Mãe Nanã, como já dissemos, é de natureza cósmica, pois seu campo preferencial de atuação é o emocional dos seres que, quando recebem suas irradiações, se aquietam, chegando até a ter suas evoluções paralisadas e assim permanecem até que tenham passado por uma decantação completa de seus vícios e desequilíbrios mentais.

Olorum é o decantador supremo do Universo, mas concedeu à Mãe Nanã a responsabilidade sobre esse fator decantador, em todos os aspectos da criação, do micro ao macrocosmo. Mãe Nanã gera em si o fator decantador.

Decantar é separar por gravidade resíduos e impurezas sólidos contidos em um líquido. É limpar, purificar. Mas, em um sentido mais profundo, decantar é descarregar o campo vibratório de um ser instintivo, negativado e vicioso, com evolução paralisada e emocional desequilibrado, e magnetizá-lo, até que passe a agir com ponderação e equilíbrio, preparando-o para uma nova vida, mais equilibrada. O magnetismo decantador sedimenta os nossos males e tudo o que atrasa a nossa caminhada evolutiva.

O fator decantador tem a finalidade de, por decantação, retirar dos meios e dos seres os excessos adquiridos no decorrer de suas evoluções. Tem por função decantar as energias emitidas pelos outros fatores ou mesmo decantá-los de onde estão, concentrá-los e recolhê-los em si mesmo, anulando-os. Decanta também conceitos rígidos preestabelecidos, valores e paradigmas inadequados.

Nanã Buruquê, com seus fatores, atua como afixadora dos seres nos estágios em que estão, até que estejam livres das reações instintivas e dos sentimentos emotivos. Sua atuação é alternada, ora dando amparo aos seres ainda frágeis mentalmente, ora decantando aqueles ainda muito instintivos e emocionados.

A calma absorvente de Mãe Nanã exige silêncio, para absorver o que impede o ser de evoluir de maneira natural. Ela é a maleabilidade e a decantação; ela desfaz os excessos, decanta ou enterra os negativismos e os vícios e os afixa em seu "barro", deixando o ser pronto para a atuação de Pai Obaluaiê, que o remodelará, estabilizará e o colocará novamente em movimento, em uma nova senda evolutiva.

A Divindade Nanã se mostra como uma vovó amorosa, sábia e calma, sempre paciente com nossas imperfeições como espíritos encarnados, quando tentamos trilhar a senda da luz; porém, aplica seus fatores reativos àqueles que dão mau uso ou se aproveitam de suas qualidades divinas com más intenções. Ela nunca deve ser invocada sem um forte motivo, pois, quando provocada, seu poder é devastador. Ela é um perpétuo enigma.

A DECANTAÇÃO E AS PROFUNDEZAS

"As profundezas são sempre lugares para decantação, como, por exemplo, as profundezas do mar, principalmente seus abismos ou fossas abissais. Ali, são depositados os restos erodidos dos relevos submarinos e sedimentos vindos dos continentes. Também nos lagos, lagoas e mangues há uma decantação intensa nas suas profundezas.

Assim como na matéria, também os abismos infernais são lugares para a decantação de todos os negativismos carregados pelos espíritos humanos, que para esses locais foram atraídos. Aí, irão depositar seus ódios, suas iras, seus rancores, suas mágoas e todos os sentimentos e emoções vibrados negativamente e que provocaram o mal de seus irmãos."

O mar pertence à Iemanjá, mas as profundezas são de nossa mãe Nanã Buruquê.

"A decantação é o aquietamento de tudo, para que os despojos possam ser varridos, eliminados do ser. Ela é necessária, para que, quando houver a limpeza purificadora, não restem vestígios que possam fazer o ser negativar-se novamente, naquela vibração, naqueles pensamentos, sentidos ou atitudes de baixas frequências.

Nessa decantação, há atuação cósmica de Mãe Nanã, por meio de seus guardiões e guardiãs nas trevas. Eles, com suas falanges, realizam o aquietamento de tais vibrações, cada um com seu 'método', apropriado à esfera negativa em que atua.

Aí, temos os Exus do Lodo, as Pombagiras do Limbo, os Exus do Barro, os Exus e Pombagiras dos Pântanos e outros. São preparadores das mudanças que irão permitir a extirpação final dos sentimentos que precisam ser extintos, para que o ser possa continuar sua jornada evolutiva.

O que chamamos de purgar os sentimentos até o final é exatamente esse processo de decantação, limpeza, extirpação, que é feito com a ação dos Guardiões e Guardiãs de Mãe Nanã. Esses são trabalhos doloridos para o ser que não consegue se livrar das vibrações negativas, mas são necessários. Nas trevas, muitos outros Guardiões e Guardiãs realizam trabalhos, cada qual com sua função. Mas a decantação e extirpação são funções específicas das falanges citadas. Após esse trabalho de decantação, limpeza e retirada dos escombros, o ser estará apto a retomar seu caminho evolutivo, em outro plano ou esfera.

Decantar é depositar camada por camada, num processo longo e demorado, que pode durar muitos anos, mas, sem a decantação, os sentimentos ficam revoltos, descontrolados e sujeitos à reativação dos negativismos do ser. Se forem reativados, o ser os vibrará com muito mais intensidade, revolvendo-os o tempo todo.

Por isso, é preciso decantá-los, para que não voltem a atuar, transtornando o ser, em meio a um turbilhão de emoções, sentimentos e pensamentos negativos. Após a decantação, fica mais fácil extirpá-los, o que não seria possível com eles se movimentando no mental e no emocional do ser.

O ser que vai sendo trabalhado por essas falanges não tem consciência de tais atuações, pois só conseguem perceber as ações que lhes causam dores e aflições; mas nem tudo são apenas atuações de esgotamento, cobrança e dor. Os abnegados Exus, Pombagiras e Mirins com funções decantadoras, extirpadoras e limpadoras, para extrair os negativismos que levaram o ser àquela esfera negativa, exercem suas funções com seriedade, severidade e sem compaixão, pois são cumpridores da Lei Maior nas trevas." (Mestre Pena Branca, para Mãe Lurdes.)

Capítulo 7

A Senhora das Eras

O método materialista histórico "resulta em que na obra o conjunto da obra, no conjunto da obra a época e na época a totalidade do processo histórico são preservados e transcendidos. O fruto nutritivo do que é compreendido historicamente contém em seu interior o tempo, como sementes preciosas, mas insípidas".

Walter Benjamin

Para Olorum, o Divino Criador, "o Tempo não conta. N'Ele o tempo passa, mas não existe". (Rubens Saraceni – *Domínio dos Sentidos da Vida*).

Olorum, nosso Pai-Mãe, tem uma matriz geradora conhecida como Matriz Geradora das Eras, que tem por função gerar os ciclos da vida, para que cada coisa possa ser identificada por sua aparência externa, que expressa a sua idade. Nanã Buruquê é a mais velha das divindades e considerada Mãe dos Orixás, não por ter sido a primeira a ser criada, mas porque foi a última a sair do interior de sua matriz geradora. Quando saiu, já estava anciã, caminhando com o corpo arqueado e passos lentos. Sua matriz é geradora das eras e por isso não lhe faltam maturidade, consciência e razão. Anciã, poderosa e sábia, respeitada e temida, Nanã transcende os tempos e nos remonta aos primórdios; ela relembra a nossa ancestralidade mítica imemorial, o momento em que fomos criados espíritos.

A Divina Nanã, mãe primordial, Senhora da Criação, é portadora de mistérios muito antigos, já adormecidos no Tempo, pois é associada aos mitos da criação da Terra. Desde o início da criação do Universo, até o contínuo desenrolar da formação da Terra e da vida em nosso planeta, nada acontece sem que ela esteja presente, pois ela é a memória das eras, o lado feminino da Criação; vivenciou a concepção do Universo e da Terra, com Olorum. Ela viu a água ser juntada à terra, formando o barro, utilizado para gerar a vida no planeta. Viu surgir a vida humana em seus elementos água e terra, participou da criação da vida e seu único pedido foi que os que vieram do barro a ele voltassem após a morte.

Nanã é a mãe propiciadora da vida no planeta, a Grande Senhora das Terras Molhadas e Fecundas. Ela divide com Iemanjá a condição de senhora dos primórdios. Nanã é a precursora das divindades com o poder de gerar vida e Iemanjá é a Senhora da Vida Continuada.

Do micro ao macrocosmo, passado, presente e futuro, tudo se harmonisa, obedecendo as leis gerais criadas pelo Divino Criador. Conhecer Nanã Buruquê é compreender e aceitar a linha da criação: o nascimento, a vida e a morte. É saber que fomos feitos para voltar aos domínios da Senhora Mãe do axé divisor do tempo e formador das eras.

Nanã é princípio, meio e fim; é nascimento, vida e morte.

"Todas as coisas vivas desejam viver para sempre. É por isso que a natureza inventou um truque de eternidade: cada coisa viva tem dentro de si uma passagem de volta. É por isso que as plantas florescem. É por isso que os animais copulam. Todos querem plantar suas sementes. Cada floração e cada cópula é uma súplica de eternidade."

"Cada semente de planta ou bicho contém um programa [...] chamado DNA, a garantia da sua eternidade. Cada semente, lugar do DNA, é um disquete com a receita para que aquilo que morreu venha de novo à vida. Assombro-me que a natureza tenha inventado tal artifício de eternidade. Se não o tivesse feito, toda a vida já teria desaparecido." (Rubem Alves)

Mãe Nanã é início, meio e fim; é nascimento, vida e morte. É início porque é barro; é a vida que resulta da junção da terra com a água. Nanã é origem e poder; é a água parada, da vida e da morte. Essa vovó é o princípio porque a terra úmida é o ventre no qual serão germinadas as sementes alimentadoras dos seres do planeta. Sob suas bênçãos surgiram inúmeras plantas e animais. À primeira vista, as águas paradas e pantanosas parecem mortas, sem vida. Mas, sob as bênçãos de Nanã, essas águas lamacentas darão origem a inúmeras plantas e animais. Barro é vida. Nanã dá a vida e a sobrevivência. A água molhando a terra é símbolo de fertilidade.

No meio, Mãe Nanã é a terra úmida que acolhe e acalenta os corpos dos seres vivos, animais e vegetais e prepara as sementes para o renascimento, pois, enquanto não receberem a luz do sol, dentro da terra, estarão sob domínio dela, que é a mãe ou Senhora da terra, a mãe de todas as sementes e grãos.

No fim, está a morte, transmutando tudo, para que nada se perca, em uma transformação contínua. Nanã sintetiza em si vida e morte e, por ser a mais antiga divindade das águas, representa a memória do planeta e das raças.

Pierre Verger em suas pesquisas nos indica que há indícios de que, desde antes da Idade do Ferro, Nanã e Obaluaiê já eram cultuados. Na pré-história os mitos aliviavam a dor daquilo que era, e ainda é, o destino certo, a morte. E aí, nesse momento da história dos humanos, Mãe Nanã já se fez compreender como senhora da morte. Nesses primórdios da história, enterravam-se os mortos em posição fetal, o que remetia a uma ideia de renascimento. Esse homem primitivo entendeu o mistério de Mãe Nanã, de que nascimento, vida e morte caminham juntos.

Acreditava-se, na África Antiga, que existe uma passagem entre o mundo dos vivos e o mundo dos mortos, regido pela Senhora da Morte, Mãe Nanã, reconduzindo as almas para o astral. Será que já vislumbravam o "túnel da triagem"?

Conta uma lenda que, quando o tempo ainda não existia, Olorum gerou o tempo em Nanã, fazendo surgir Logunan, filha do Senhor do Tempo e da Senhora das Eras, o Orixá feminino que gera em si e de si o fator temporizador. Como Orixá Atemporal, cujas funções não são regidas pelos ciclos e ritmos da criação, Mãe Nanã pode atuar sobre eventos passados, presentes e futuros, pois tem grande poder sobre o tempo.

Como Senhora das Eras, Nanã gera também o fator retrocededor, que se realiza nos domínios do tempo. Essa Divindade Anciã faz o tempo retroceder ou faz com que os seres que se negativaram retrocedam no tempo e retomem suas evoluções retas, a partir do momento em que delas se desviaram, para que as falhas em cada um dos sentidos sejam reparadas e as pendências passadas, resgatadas. Nanã-Yê é o único Orixá que tem domínio total sobre o tempo: faz com que gire para a frente, propiciando aos seres evoluírem, ou para trás, fazendo-os retrocederem.

Nanã Buruquê é a Mãe geradora das Eras, a mais velha dos Orixás, a Senhora dos Segredos, dos Mistérios, do Mundo Oculto e das Esferas Subterrâneas do planeta. É considerada a mais sutil e perspicaz dos Orixás.

Conforme Pai Rubens Saraceni, como essa mãe representa as eras, só se entra em seu centro consagratório curvado e com a cabeça coberta com um pano branco, mantendo-se assim até o final das três consagrações:

- 1. No Tempo, pois não se consagra nada a Nanã, sem primeiro consagrar no Tempo.
- 2. Na Água, pois o elemento água doce é onde mais se concentram os seus axés.
- 3. Na terra úmida, pois é seu axé ou fator umidificador que dá à terra a capacidade de tornar-se fértil.

Capítulo 8

O Saber Ancestral

Todo saber provém de Deus.
Caboclo Pena Branca
Pai Rubens Saraceni

Deus conhece e sabe sobre todas as coisas; é o pensamento e a consciência de toda a Sua Criação e com ele dialoga. A sapiência do Divino Criador é inquestionável; é um saber absoluto, divino, um mistério. As entidades divinas procedem d'Ele, são parte d'Ele. O mistério do saber está assentado na Coroa Divina como parte de Olorum e se manifesta por meio de Mãe Nanã, que o vibra o tempo todo, pois é a Divindade Guardiã do Saber Ancestral.

O Criador é o Saber Ancestral Divino e Nanã, dentre suas várias qualidades, atributos e atribuições, é a guardiã manifestadora desse mistério e não pode ser dissociada de nosso Pai Maior. Quem precisar do poder da sabedoria terá de recorrer à Mãe Nanã, a fonte do saber, que dá a paz e a graça da longevidade, com os ensinamentos da velhice.

A palavra saber costuma ser usada como sinônimo de compreender, conhecer, entender, ficar informado, etc. Mas saber é diferente de conhecer e é muito mais que isso. O conhecimento tem seus começos, em grande parte, nos domínios do tempo e do espaço e também é energia. Eleva-nos, satisfaz e traz paz e bem-estar ao nosso espírito. A busca do conhecimento é inata ao ser humano, porém, o conhecimento não é algo imutável, fechado. Se ele for propriedade de uma só pessoa, não servirá para nada, a não ser para envaidecer o ego, pois não gera valor. Para ser enriquecido, precisa ser divulgado e multiplicado entre os nossos semelhantes, com sabedoria. Distribuir conhecimento é gerar riquezas reais em nossos irmãos.

O conhecimento está sob o domínio de nosso Pai Oxóssi e o saber é da responsabilidade de Mãe Nanã. Na Linha da Evolução ou do Saber,

Mãe Nanã, com seu magnetismo atrativo, concentra os seres, vibra a evolução e irradia neles uma essência que estimula o saber.

A sabedoria, portanto, tem origem dupla; é derivada da divindade, biblioteca divina, e da experiência adquirida por meio do conhecimento daqueles que criaram valores em harmonia com Deus, com o Universo. "O saber é uma eterna descoberta, uma porta que se abre para revelar outras mil à espera de novas chaves. Um poço de águas cristalinas, profundas na grandeza de sua simplicidade." (Pedro Belluomini – Prefácio do livro *Caridade: Amor e Perversão,* Madras Editora)"Uma gota de água cristalina não purifica um litro de água suja, mas uma gota de água suja contamina um litro de água cristalina. Assim acontece com o conhecimento: um conhecimento verdadeiro não anula todas as inverdades já semeadas, mas um falso conhecimento pode induzir muitos à regressão do espírito". (Rubens Saraceni – *Gênese Divina de Umbanda Sagrada,* Madras Editora)

Quatrocentos séculos antes de Cristo, Hipócrates dizia que "há verdadeiramente duas coisas diferentes: saber e crer que se sabe. A Ciência consiste em saber; em crer que se sabe, reside a ignorância". "Somente a sabedoria é sinônimo de evolução e ascensão: um sábio sabe como agir no mundo material de forma a não comprometer seu espírito com coisas pouco valiosas diante dos olhos de Deus e condenáveis pelas leis invisíveis que regem a vida no mundo espiritual." (Rubens Saraceni).

"Os homens perdem a saúde para juntar dinheiro, depois, perdem o dinheiro para recuperar a saúde. E por pensarem ansiosamente no futuro, esquecem-se do presente, de forma que acabam por não viver nem o presente nem o futuro. E vivem como se nunca fossem morrer e morrem como se nunca tivessem vivido." (Dalai Lama)

A sociedade atual é dominada pela busca do alimento, da segurança, do conforto material, do dinheiro, do enriquecimento, etc., mas o maior tesouro é o saber, que traz em si o despertar para os princípios das leis que pertencem às divindades, que é o tesouro da luz. Esse maior tesouro é de tal grandeza que pode ser repartido com todos, durante a vida toda e terá o seu valor aumentado cada vez mais.

O maior tesouro é tudo que pode ser útil a tudo e a todos, que nos permite estabelecer uma irmandade entre os humanos. O conhecer até pode ser comum a muitos, mas só os que querem realmente aprendem e se tornam sábios. Por isso é um tesouro.

No *Livro das Energias*, Pai Rubens Saraceni já nos alertava para não nos deixarmos levar por quem conhece apenas o meio e desconhece a origem e o fim do ser humano: "Conhecendo apenas o meio, só podem dar aos seus discípulos a fé e o conhecimento incompletos, que acabam por se completar por meio de seus apelos fanáticos e misteriosos". "São muitos os falsos sábios mestres, que nada dão de estável aos seus discípulos, além da fé fanática num Deus implacável. Deus não é isto! Ele é puríssima energia divina que pulsa em todo o Universo, em todos os planos e todas as dimensões". "A sabedoria nos revela os mistérios ocultos e sagrados."

Khalil Gibran, no livro *O Profeta*, diz que "o professor que caminha na sombra do templo, junto a seus discípulos, não oferece seu conhecimento, mas sua fé e seu amor. Se ele for realmente sábio, não vos convida a entrar na casa de sua sabedoria, mas vos guia até o limiar de vossa própria mente".

Viver, desenvolver sabedoria e entender além das aparências é só para os fortes.

EVOLUÇÃO E ASCENSÃO

Já sabemos que Mãe Nanã é o Orixá feminino, cósmico e ativo, que atua na Linha da Evolução e que nós, como seres espirituais, precisamos evoluir e ascender. No ser humano, a energia cósmica tanto pode ser a corrente contínua alimentadora do ódio contra um semelhante, como pode ter o lado bom, o ato de lutar pela própria vida. Essa energia não representa apenas os vícios do ser humano, pois é também a força que nos impulsiona para novas conquistas, não nos deixando desanimados, aquietados e acomodados por muito tempo.

A energia cósmica nos chega do infinito, entra pelo sul, irradia-nos e depois é lançada de volta ao solo e é absorvida pelo polo negativo do planeta e descarregada no vácuo sideral. Ao mais fraco sinal de uma vibração negativa em nosso emocional, a mesma será intensificada, provocando a captação de muito mais energia cósmica e sua absorção pelo emocional, e ficará reverberando nele e no mental inferior.

Os chacras captam os desdobramentos dos polos positivos e negativos da energia divina. Os sinais podem nos chegar negativos, mas podemos dar-lhes descargas positivas. A linha da Evolução é o raciocínio e a linha da Ascensão é a razão.

Deus, ao nos criar, dotou-nos de uma forma espiritual (astral) eterna e uma forma material (corpo, aparência) perecível. Na forma espiritual ascendemos, com a elevação e qualidade dos nossos sentimentos. Na matéria, evoluímos, pelo conhecimento das coisas divinas, pela quantidade e razão, libertando-nos das emoções e descarregando nossos mentais. Humanizamo-nos na carne e nos divinizamos em espírito, evoluindo, ascendendo e nos espiritualizando por completo. O que não aprendemos na matéria, de alguma forma iremos aprender no mundo espiritual.

Nosso mental, pouco a pouco, vai adquirindo maior capacidade de ouvir, entender e arquivar corretamente em nossa memória os ensinamentos recebidos. O espírito vai se expandindo e se elevando, colocando-se em sintonia com as faixas vibratórias superiores.

A inteligência é uma conquista adquirida com a própria evolução, mas somente a sabedoria nos leva à evolução e ascensão. Aquele que se tornou sábio sabe como agir no plano material, sem comprometer seu espírito. Sabe ser virtuoso, consciencialmente racional, equilibrado e maduro. Porém, maturidade não é necessariamente sinônimo de idade avançada.

Quando dizemos que Mãe Nanã tem no emocional um campo preferencial de ação, é porque ela é absorvente, gerando flexibilidade, decantação, maturidade, transmutabilidade, racionalismo, persistência e sabedoria, como recurso evolutivo. Em seu aspecto positivo, Nanã é decantadora dos sentidos. Em seu aspecto negativo ou oposto, gera a senilidade.

MATURIDADE E SABEDORIA

A Sabedoria nos acomoda e revela
os mistérios ocultos e sagrados.
Mestre Rubens Saraceni

Na idade madura, o ser, ao tornar-se mais racional, começa a ter uma "luz interior" alimentada por sólidos princípios que o guiam. Essa "luz interior", logo após o desencarne, irá distinguir um ser livre de outro preso aos instintos e impulsos.

O fator amadurecedor de Nanã tem a finalidade de estabelecer para cada criação exteriorizada pelo Divino Criador um período de amadurecimento, de maturação e aperfeiçoamento, para que, amadurecida, possa passar de um estado para outro. Tem a finalidade de desenvolver a maturidade nas pessoas.

Quando rege sobre a maturidade, o campo preferencial de ação de Mãe Nanã é o emocional e o racional dos seres. Enquanto as vibrações positivas encontram ressonância na herança genética divina do espírito humano, as negativas ficam retidas em seu emocional, até que sejam descarregadas, de forma virtuosa, com sabedoria, ou de forma viciada, com ignorância.

A Divina Mãe Nanã atua por atração magnética sobre aqueles com evoluções paralisadas e emocionais desequilibrados, dando-lhes maleabilidade, desfazendo suas resistências, negativismos, medos, vícios e bloqueios inexplicáveis e memórias traumáticas de fundo inconsciente. Ela vai decantando tudo o que é negativo e dando estabilidade ao que restou de positivo nesse processo, para que os seres retomem suas evoluções equilibradamente.

Mãe Nanã é a divindade que acompanha nosso fim na carne, assim como nossa entrada, em espírito, no mundo astral. Nessa porta de passagem, ela atua sobre o nosso carma, conduzindo essa transição com calma e serenidade. Mãe Nanã Buruquê é a maleabilidade e a decantação, é a calma absoluta, que se movimenta lenta e cadenciadamente. Essa calma absorvente de Mãe Nanã exige silêncio; descarrega e magnetiza os campos vibratórios das pessoas, que se modificam, passando a agir com mais ponderação, equilíbrio e maturidade.

Mas, enfatizamos, maturidade não é sinônimo de idade e idade não é sinônimo de sapiência nem de maturidade. Muitas vezes, a maturidade física chega antes da maturidade emocional. Maturidade é sabedoria; é o desenvolvimento e o compartilhamento de virtudes; é o uso da razão, com simplicidade, harmonia, equilíbrio, amor e fé. Pessoas maduras têm cuidado com o que dizem, meditam sobre o que pensam, respeitam o que ouvem e não reclamam de nada. Sabem olhar de forma generosa para as outras pessoas, aceitam suas limitações e as delas, saboreiam as coisas da vida sem pressa e com mais ternura, doam parte de sua alma ao mundo e perdoam.

O ser mais racional, guiado por princípios virtuosos, tem uma luz que se reflete em sua aura, dando-lhe um aspecto luminoso, sóbrio e estável, pois resiste aos contratempos que porventura surjam em sua vida. Essa luz se expande a partir de seu íntimo e fortalece sua aura. O ser racional, em sua velhice, é o pai e a mãe preocupado(a) com o bem-estar de seus filhos e netos, que sabe se mostrar agradável aos jovens, por ser extrovertido, sem se tornar frívolo.

O magnetismo do ser racional, positivo ou virtuoso, fará com que ele seja atraído mais facilmente para as esferas positivas de luz, quando do desencarne, pois estará sem grandes débitos em sua vida terrena a incomodarem-no em espírito.

"A capacidade de usar a razão dá as ferramentas necessárias para que as escolhas sejam realizadas com maturidade e sem afoitezas e bravatas. Maturidade e ponderação, eis as qualidades que podem mudar as frequências vibratórias. Quanto mais os sentidos da fé, do conhecimento, do amor e outros vão sendo desenvolvidos pelo ser, mais ele estará fazendo suas escolhas conectadas às faixas luminosas e ajudando o semelhante. A razão, o equilíbrio, a maturidade, a tranquilidade e o raciocínio correto são fundamentais para isso.

Quando somos impelidos por forças atuantes do plano astral, positivas ou negativas, é porque estamos vibrando nas mesmas frequências dessas forças e dos seres ligados a elas. Eles não atuam sobre nós sem que tenhamos nosso contato, por afinidade. A afinidade ocorre quando nos sintonizamos na frequência do magnetismo positivo ou negativo; a partir do contato, é possível a atuação dos seres e suas influências sobre nós.

Portanto, as escolhas estão ligadas às nossas próprias frequências. Não escolhemos apenas por influência dos seres do astral, mas, principalmente, pelo magnetismo que vamos desenvolvendo em nossas vidas. Cada sentimento negativo tem suas próprias frequências, que vão alterando nosso magnetismo, negativando-o ou positivando-o. Amor e ódio, fraternidade e egoísmo, simplicidade e orgulho, são lados, são faces das "moedas escolhas"." Mestre Pena Branca[2]

Com os negativismos de um ser, seu corpo plasmático pode sofrer deformações acentuadas, mas, quando suas faculdades mentais forem reequilibradas, esse corpo plasmático será regenerado e deixará de mostrar o que o ser já não vivencia em seu íntimo. É por isso que pessoas que desencarnam idosas, mas com a psique equilibrada, sem que se apercebam, começam a rejuvenescer, já com pouco tempo no lado espiritual.

Os seres maduros têm sua religiosidade fundamentada em princípios abrangentes e conseguem sublimar-se muito rapidamente após o desencarne. Desligam-se do plano material e buscam seus afins nas esferas de luz.

Já nos seres presos aos impulsos, sem maturidade, sua luz é exterior e varia conforme seu estado de espírito. O ser imaturo, quando atinge a velhice, começa a sofrer muito, por não possuir energias humanas para alimentar seu corpo emocional e acaba se tornando apático, desinteressado, implicante, etc. Sua luz vai se exaurindo com o advento da velhice, num processo oposto ao dos seres maduros.

A luz de um ser é a sublimação de seu espírito humano, que irá se conduzir segundo os princípios divinos que regem toda a criação. É por isso que se diz que sábios são aqueles que evoluíram tanto, em todos os sentidos, que compreenderam que Criador e Criação são inseparáveis; um sem o outro não seriam possíveis. A partir daí, amam o todo e preservam a todos.

O MISTÉRIO ANCIÃO

Chamamos de Ancião aquele ser curvado pelo tempo, que carrega consigo uma sabedoria e uma racionalidade que não adquiriu de um momento para outro, mas durante uma vida toda ou em muitas outras vidas, trazendo esse saber até de sua ancestralidade. Ancião vem de velho, sábio e profundo conhecedor dos mistérios divinos.

---

2. In *Sermões de um Mestre Pena Branca* – psic. Lurdes de Campos Vieira – Madras Editora.

Obaluaiê, Nanã, Oxalá, Obá e Omolu são considerados os Orixás mais velhos e que carregam consigo o "Mistério Ancião"; são representantes do princípio e do fim, reencarne e desencarne. São os Orixás que detêm os fatores ligados aos primórdios, como o iniciador (Oxalá), o temporizador e o sabedor (Nanã), o concentrador (Obá), os axés ligados à evolução e à transmutação (Obaluaiê e Nanã), os ligados à maturidade, como o envelhecedor e envergador (Oxalá e Nanã), ao encurvador (Obaluaiê) e à transcendência, o paralisador, o ceifador (Omolu) e o decantador e adormecedor (Nanã).

Esses Orixás, além de sábios e profundos conhecedores dos mistérios divinos, são a memória, o saber e a razão. São verdadeiras "bibliotecas" divinas que perpetuam a memória e o saber no tempo, com equilíbrio e estabilidade. São os mananciais do discernimento, as fontes de sabedoria para todos; conselheiros divinos, detentores do saber ancestral.

O respeito a esses Orixás Anciãos é tanto que, quando seus naturais encantados se manifestam nos templos de Umbanda, é costume cobrir-se suas cabeças com panos brancos.

O mistério Ancião é algo muito ocultado, até entre os níveis intermediários, pois os Orixás Ancestrais Anciãos são pais divinos de todos os Orixás Intermediários.

No livro *O Cavaleiro do Arco-Íris*, há um diálogo entre um Ancião e um Guardião:

" – *Filho, responda você: eu me renovo em mim mesmo?*

– *Não, senhor ... só se renovará em outro ser.*

– *Por que, filho Guardião?*

– *Em si mesmo o senhor já é pleno e realizado. Portanto, só se renovará perpetuando-se, por meio de seus filhos, netos, bisnetos, etc.*

– *Exato. Na hereditariedade, o velho, o ancião, o ancestral, renova-se e perpetua-se no tempo e vai ocupando outros espaços, que criarão condições para que, ao seu tempo e lugar, também seus filhos se renovem e perpetuem-se no tempo.*

Perpetuar-se-á na memória viva dos que vierem a usufruir sua beleza e se perpetuará na memória de seus renovadores!" (Rubens Saraceni).

Os Orixás mais velhos ou são regidos pelos anciãos ou são os próprios anciãos. São mistérios que não podem e não devem ser comentados. Nas suas "danças" esses "Orixás" naturais interpretam os passos dados na criação divina pelos elementos, essências, fatores e magnetismos que os distinguem como manifestadores de qualidades divinas e irradiadores de energias fatoradas. Estão reproduzindo os passos e descrevendo as caminhadas, qualidades, atributos e atribuições e campos de atuação dos Orixás.

Os Orixás que carregam o Mistério Ancião já estão encerrando suas caminhadas no exterior de Olorum e estão voltados e voltando para o seu interior.

Os Pretos-Velhos, bem velhos, também carregam consigo o Mistério Ancião. São espíritos amadurecidos e reconhecidos como mais velhos na senda evolutiva. Só pelo amadurecimento se alcança equilíbrio, racionalidade e estabilidade.

Os Pretos-Velhos já viveram tudo e a tudo vivenciaram. Agora, só lhes resta o desejo de retornar ao interior Divino, onde se assentarão, se aquietarão e se tornarão irradiadores das qualidades que os direcionaram durante sua longa caminhada evolutiva. "Nenhum espírito é realmente um Preto-Velho se não for um filho intermediador de algum dos sete Anciãos Ancestrais. Pode ocorrer de serem filhos de um filho deles, dos anciões, e usarem o nome de seu pai durante os trabalhos rituais realizados nas tendas de Umbanda." (Rubens Saraceni – *O Guardião do Fogo Divino* – Madras Editora).

Na matriz amadurecedora, Olorum gerou Nanã, que gera o fator amadurecedor, e é impossível não amadurecer quando estamos próximos dela ou sob sua irradiação. Essa Mãe Divina exerce poderes sobre as profundezas escondidas nas aparências, as profundezas interiores dos seres.

Nanã é a qualidade racionalizadora de Olorum; ela atua na evolução na linha da ascensão, que é a razão. Só se ascende com a razão e não com a emoção. Nanã é a razão que fixa e a sabedoria que amadurece. Ela atrai os seres que não estão capacitados para alcançar estágios superiores, recolhendo-os, esgotando suas doenças (vícios) e assentando-os na lama astral, no fundo dos seus lagos. Aí, ela os deixa imobilizados até que decantem suas impurezas (emoções e sentimentos viciados) e fiquem maleáveis como o barro, prontos para que Obaluaiê os recolha.

Capítulo 9

Nanã, a Memória Ancestral

*Somos herança do passado; o nosso presente é o processo
para o futuro; o que realizamos já é um passado próximo,
contudo gerando, construindo memórias.*
Cléo Martins

Mãe Nanã é o Mistério Divino que manifesta o fator memorizador, intimamente relacionado aos fatores evoluidor, temporizador, sabedor, maturador, fixador, racionalizador, decantador, aquietador e paralisador, dentre muitos outros.

As ações dessa Mãe Divina, Senhora da Evolução, por meio dos fatores (essências, energias, magnetismos, etc.), alcançam todo o Universo, do micro ao macrocosmo, pois ela é a responsável feminina na regência da evolução de tudo e de todos. A memória pode estar contida tanto em um átomo como em todo o Universo.

Como Senhora da Lama, Senhora das Águas Pantanosas e Lodosas, Nanã reporta-se à síntese dos elementos primordiais, à origem da vida no planeta – a água e a terra. Ela é o acervo, a memória genética da vida na Terra, representando a memória pré-histórica adormecida. Como Orixá das memórias, mãe Nanã é testemunha da criação do Universo, da criação do nosso planeta e da criação humana, em que água e terra, unidas, são os princípios formadores da vida.

"Comparados com a história da vida orgânica na Terra, os 50 mil anos do *Homo sapiens* representam algo como dois segundos ao fim de um dia de 24 horas."

O mistério Memória Ancestral é tão abrangente que, só ele, já permitiria a elaboração de vários livros. Nesta obra, vamos nos reportar aos seres humanos e a alguns aspectos do planeta Terra. Em nossa memória imortal, estão arquivados conhecimentos de todas as vidas.

Nos dicionários encontramos que memória é a faculdade de conservar ou readquirir ideias ou imagens, que é a capacidade de reter, armazenar e evocar acontecimentos, lugares, pessoas, sentimentos, odores, etc. Esse fator memorizador é também de Pai Oxóssi. Mas a memória, relacionada à Mãe Nanã, é muito mais do que a capacidade de guardar certas informações ou mero registro cerebral de fatos e coisas. Ela é uma evocação do passado, a base sobre a qual se inscrevem os fatos e coisas que foram escolhidos e gravados porque têm significado e sentido para nós, porque têm aspectos afetivos, sentimentais e valorativos.

Além de presentificação do passado, a memória garante a nossa identidade própria, o nosso "eu", pois permite reunir o que fomos e fizemos ao que somos e fazemos e garante a identidade coletiva das sociedades. A memorização tem a função de dotar cada criação de Olorum de uma memória capaz de registrar todos os acontecimentos, todas as informações e todo o desenvolvimento interno dos seres. Isso é fundamental, senão os outros princípios divinos não se realizariam, porque não teriam o registro original de como serem aplicados, no micro ou no macrocosmo.

No lado interno da criação, o princípio gerador da memória em cada coisa criada por Olorum é a Memória Ancestral, memória universal da criação ligada à Sua Onisciência e guardada por Mãe Nanã. Por meio da memória, ativamos o raciocínio, uma de suas faculdades, e meditamos antes de reagirmos às ofensas.

No cérebro humano, a memória não tem um único lócus, pois diferentes estruturas cerebrais estão envolvidas na aquisição, armazenamento e evocação das diversas informações adquiridas por aprendizagem.

Pai Rubens Saraceni nos diz que Deus nos dotou de uma faculdade chamada memória, que nos permite raciocinar em cima de fatos já consumados ou próximos de acontecer, pois algo que está por vir sempre pode ser associado a algo já vivenciado. Por comparação, vislumbramos o que ainda não é visível.

Há várias classificações para a memória, como a **memória declarativa**, que é a capacidade de verbalizar um fato e armazená-lo. Isso pode ser imediato, de curto ou de longo prazo. Pode ser uma **memória episódica**, com lembranças de acontecimentos específicos, ou **semântica**, com lembranças de aspectos gerais.

A memória **não declarativa** ou procedural é a lembrança de como se deu algo ou algum acontecimento. E a **memória de procedimentos** é a capacidade de reter e processar informações, como tocar um instrumento ou andar de bicicleta. É mais estável e difícil de ser perdida.

Apesar das várias classificações da memória, o fato é que o mecanismo utilizado para o armazenamento de memórias em seres vivos ainda não é conhecido. Acreditamos que isso faz parte dos mistérios interiorizados pela Senhora dos primórdios, Mãe Nanã.

Marilena Chauí aponta seis grandes tipos de memória:

1 – A **memória perceptiva**, indispensável no nosso dia a dia; é o reconhecimento.

2 – A **memória hábito**, criada pela repetição de gestos e palavras, para fixar algo.

3 – A **memória pessoal** ou memória "pura", com lembranças afetivas especiais, valorativas ou de conhecimentos importantes para nós.

4 – A **memória coletiva**, social ou histórica, fixada pelas sociedades por meio de mitos, relatos, registros, documentos, etc. Essa memória busca ser objetiva, com exceção dos mitos, e permite que as coletividades encontrem, ainda hoje, sua identidade. Essa memória está entre as grandes questões das sociedades, das classes dominantes e dominadas, da luta pelo poder, pois, além de uma conquista, essa memória é um instrumento e objetivo de poder.

5 – A **memória biológica da espécie**, instintiva, gravada no código genético das espécies de vida.

6 – A **memória artificial** das máquinas, com base na estrutura simplificada do cérebro humano. Assegura a reprodução de atos mecânicos encadeados, sem reflexão, e até falamos em "memória" do computador. Nas sociedades mais antigas, desenvolvia-se a memória artificial como uma capacidade do sujeito do conhecimento humano. Hoje, deposita-se a memória nas máquinas, alienando-nos e quase nos despojando da necessidade de termos memória.

Dentre esses seis tipos de memória, as quatro primeiras fazem parte da vida de nossa consciência individual e coletiva, a quinta é inconsciente e puramente física e a sexta é técnica.

Pai Rubens Saraceni nos diz que todos nós possuímos nosso magnetismo pessoal, íntimo e intransferível; que nossa memória imortal tem tudo gravado, tal como numa fita magnética. "Essa memória imortal forma-se à semelhança do tronco das árvores ou das camadas de rochas sedimentares: em círculos concêntricos onde vão sendo gravados todos os momentos que mexem com o magnetismo mental do ser. [...] No ser humano o corpo causal é apenas a chapa que vibra os acontecimentos grafados na memória imortal, que é um campo eletromagnético localizado dentro do mental, mental este que não é maior que um ovo de galinha de tamanho médio."

Da mesma forma que o cérebro precisa de nutrientes, como vitaminas e proteínas, o mental precisa ser suprido por fatores, para que o ser possa usar de todas as suas faculdades espirituais. Caso não receba a carga fatoral necessária, poderá sofrer lesões que o incapacitem de raciocinar adequadamente.

Mãe Nanã, como Guardiã das Eras e Senhora dos Primórdios, guarda a memória adormecida da criação, das sociedades, dos grupos e dos indivíduos.

Nossa memória individual introspectiva não está isolada; ela existe sempre a partir de uma memória coletiva, pois as lembranças se constituem no interior de um grupo. Essa memória individual é um ponto de vista sobre a memória coletiva. Assim, as lembranças podem ser reconstruídas a partir da vivência em grupo. A memória individual está relacionada às percepções da memória coletiva e da memória histórica, analisadas criticamente.

No nosso inconsciente estão todos os registros de vidas passadas e "no inconsciente coletivo estão os dados ancestrais do conhecimento e de todas as vivências comuns que marcaram o psiquismo da coletividade. Esse desconhecido, oculto e inacessível manancial de experiências milenares, estabelece padrões fora do espaço-tempo. [...], pois determina praticamente todos os fenômenos psicológicos, inconscientes ou conscientes, e que interferem na vida". (Ramatis - *A Evolução no Planeta Azul*).

Temos um exemplo desse inconsciente coletivo na carta enviada, em 1855, pelo cacique Seattle, da tribo Suquamish, respondendo ao presidente dos Estados Unidos Francis Pierce, quando este lhe propôs comprar suas terras, no trecho que transcrevemos a seguir:

"Qualquer parte desta terra é sagrada para meu povo. Qualquer folha de pinheiro, qualquer praia, a neblina dos bosques sombrios, o brilhante e zumbidor inseto, tudo é sagrado na memória e na experiência de meu povo. A seiva que percorre o interior das árvores leva em si as memórias do homem vermelho.

Os mortos do homem branco esquecem a terra de seu nascimento quando vão pervagar entre as estrelas. Nossos mortos jamais esquecem esta terra maravilhosa, pois ela é a mãe do homem vermelho. Somos parte da terra e ela é parte de nós. As flores perfumosas são nossas irmãs; os gamos, os cavalos, a majestosa águia, todos são nossos irmãos. Os picos rochosos, a fragrância dos bosques, a energia vital do pônei e o Homem, tudo pertence a uma só família" ... esta terra é sagrada para nós.

A límpida água que percorre os regatos e rios não é apenas água, mas o sangue de nossos ancestrais. Se vos vendermos a terra, tereis de vos lembrar que ela é sagrada, e deveis lembrar a vossos filhos que ela é sagrada, e que qualquer reflexo espectral sobre a superfície dos lagos evoca eventos e fases da vida de meu povo. O marulhar das águas é a voz dos nossos ancestrais. Os rios são nossos irmãos, eles nos saciam a sede. Levam as nossas canoas e alimentam nossas crianças. Se vendermos nossa terra a vós, deveis vos lembrar e ensinar a vossas crianças que os rios são nossos irmãos, vossos irmãos também, e deveis a partir de então dispensar aos rios a mesma espécie de afeição que dispensais a um irmão.

Nós sabemos que o homem branco não entende o nosso modo de ser. Para ele um pedaço de terra não se distingue de outro qualquer, pois é um estranho que vem de noite e rouba da terra tudo de que precisa. A terra não é sua irmã, mas sua inimiga; depois que a submete a si, que a conquista, ele vai embora, à procura de outro lugar. Deixa atrás de si a sepultura de seus pais e não se importa. Sequestra os filhos da terra e não se importa. A cova de seus pais e a herança de seus filhos, ele as esquece. Trata a sua mãe, a Terra, e a seu irmão, o céu, como coisas a serem compradas ou roubadas, como se fossem peles de carneiro ou brilhantes contas sem valor. Seu apetite vai exaurir a Terra, deixando atrás de si só deserto.

Isso eu não compreendo. Nosso modo de ser é completamente diferente do vosso".

Em diversas religiões existe o hábito de não se entrar calçado em seus locais sagrados. Na Umbanda, ao realizarmos nossos trabalhos espirituais descalços, além de representar a simplicidade e humildade do rito, além de garantir a segurança do médium dissipando energias deletérias no chão, estamos demonstrando respeito ao solo sagrado do terreiro. Tocar esse solo sagrado com os pés descalços é entrar em contato com a sabedoria e o conhecimento guardados pelos ancestrais, nossos antepassados.

Voltando ao inconsciente coletivo, o homem que procura hoje compreender o seu tempo, seu passado, não pode se dissociar do entendimento do processo de globalização. Aí está inserida a luta empreendida pelos diversos movimentos sociais, no intuito de ampliar o conceito de cidadania no seio da sociedade e nas relações de poder que permeiam a atividade humana. Reclamam a questão da identidade das minorias ou da nação, na qual se insere também a religião Umbanda. Daí o discurso da memória alcançar tão grande significado nos dias atuais.

Para os filósofos existe a **memória hábito** (automatismo psíquico e corporal) e a **memória pura**, que não precisa repetição para lembrar. Tem significado afetivo especial, valorativo ou de conhecimento. Memória é retenção.

Há também o componente biológico e químico, fisiológico ou cerebral na memória, mas esses aspectos não explicam os fenômenos no seu todo, como forma de conhecimento e de componente afetivo de nossas vidas.

Todos nós também temos nossa memória ancestral instalada em nosso mental, mas que só é acessada segundos antes de morrermos. Nesse momento, a terceira visão, olhando para a nossa memória imortal, mostra-nos todo o desenrolar da vida vivida em nossa última encarnação. Nessa memória ancestral está gravado, segundo a segundo, tudo que fizemos, desde o momento de nossa criação pelo Divino Pai-Mãe Olorum.

PROBLEMAS OU PERTURBAÇÕES DA MEMÓRIA

A Divina Mãe Nanã é um poder regulador na vida dos seres que caminham positivamente, agindo de forma natural em suas memórias, adormecendo-as aos poucos ao chegar a velhice, preparando-os para o desencarne. É Nanã quem faz esquecer.

Mas Nanã, com seus fatores reativos, exerce poderes sobre as profundezas mentais escondidas no inconsciente dos seres, ativando os fatores depuradores de negativismos. Leis drásticas afetarão de forma sensível o espírito e o corpo biológico, esgotando ainda na carne os desequilíbrios, mediante processos depuradores aos quais os seres fizeram jus. Isso é o melhor que Mãe Nanã e as demais divindades podem oferecer, para evitar maiores quedas em espírito.

Os problemas e as perturbações da memória vão desde uma dificuldade momentânea para lembrar algo, até a amnésia, com perda parcial ou total da memória. Podem ser causados por lesões físicas ou traumas psicológicos. A amnésia orgânica é causada por distúrbios no funcionamento das células nervosas, por alterações químicas, traumatismos ou transformações degenerativas, ou resultante de fatores psicológicos, como depressão, doença de Alzheimer, doença de Parkinson, alcoolismo grave e uso abusivo de outras drogas, AVCs, traumatismos cranianos, etc. Esquecer é ficar privado da memória e perder alguma coisa.

Tudo o passado nos explica. O passado é intrigante e nele podemos encontrar as explicações para certas peculiaridades do presente. Ele é um baú de segredos que o véu do tempo encobriu e que oculta a nossa personalidade atual.

"A memória revela uma das formas fundamentais de nossa existência, que é a relação com o tempo, e, no tempo, com aquilo que está invisível, ausente, distante, isto é, o passado". "A memória é o que confere sentido ao passado como diferente do presente (mas fazendo ou podendo fazer parte dele) e do futuro (mas podendo permitir esperá-lo e compreendê-lo)." (Marilena Chauí)

Sempre ouvimos dizer que nossa memória é seletiva; essa seletividade é uma das principais funções da memória. Mas, na sociedade atual, com os rápidos avanços tecnológicos, com a aceleração dos meios de comunicação, das informações e do ritmo de trabalho urbano, tudo é consumido sem crítica e sem cuidado seletivo, perdendo-se essa importante função da memória. As sociedades atuais são chamadas de sociedades do esquecimento.

É a cultura de uma sociedade que fornece os filtros que permitem aos indivíduos exercer seu poder de seleção, realizando escolhas importantes para decisões futuras. Cultura é memória e memória é cultura.

Nas sociedades ágrafas, como na África, com volume de informações menores que os nossos atuais, a memória é organizada e retida pelo conjunto dos seus membros, que as transmitem às novas gerações. Aos mais velhos, por sua maior vivência e experiência, cabe a função de transmitir os fatos e vivências mais significativos e fundamentais para essas sociedades, para as novas gerações.

Nas novas sociedades ocidentais, chamadas de sociedades do esquecimento, esse papel social do idoso foi sendo cada vez mais perdido, transferido para os museus, arquivos, bibliotecas, computadores, etc.

Para Melhorar a Memória

A memória pode ser melhorada com o consumo de jabuticabas, frutas de Mãe Nanã, ideais para isso, pois protegem células do cérebro. Sua polpa possui poucas calorias e carboidratos e grandes quantidades de vitamina C, vitamina E, ácido fólico, niacina, tiamina e riboflavina. Apresenta ainda minerais, como potássio, cálcio, magnésio, ferro, fósforo, cobre, manganês e zinco. Sua casca é rica em antocianidina, ou vitamina R, 50 vezes mais potente que a vitamina E e 20 vezes mais potente que a vitamina C.

As antocianidinas são encontradas normalmente em frutas e flores com coloração que varia do vermelho ao azul; e estudos dizem que ela possui propriedades antioxidantes e ajuda a combater os radicais livres. Outra substância importante, contida na casca da jabuticaba, é a pectina, que é uma fibra solúvel.

As frutas da jabuticabeira devem ser ingeridas logo que colhidas, para não oxidarem muito, mas podem ser consumidas como suco, geleia, licor e, até mesmo, vinho. As jabuticabas apresentam diversos benefícios:

• Ajudam na recuperação da elasticidade e firmeza da pele, sendo boas no combate às rugas e à queda de cabelo.

• Auxiliam na redução de histamina, ajudando a aumentar a resistência do corpo, reduzir o colesterol ruim e combater os radicais livres;

• Colaboram para o fortalecimento dos vasos sanguíneos, prevenindo doenças como varizes e AVCs.

• Melhoram a resistência física, incluindo a disposição energética e a elasticidade muscular, podendo melhorar até mesmo a visão.

• Possuem propriedades anticancerígenas.

• Ajudam na estabilização da taxa de açúcar no sangue, podendo ser muito recomendadas para diabéticos.

• Sua propriedade anti-inflamatória pode ajudar a aliviar as dores da artrite e outras doenças inflamatórias.

• O chá da casca da jabuticaba, adoçado com mel, auxilia pessoas com anemia, estresse, asma, bronquite, amigdalite, gripes e resfriados.

Capítulo 10

A Reatividade dos Mistérios Sagrados dos Orixás

Estamos ligados por fios invisíveis aos Orixás, que são os poderes reguladores dos meios onde os seres vivem e evoluem; toda ação contrária à paz, à harmonia e ao equilíbrio do meio onde vivemos gera uma reação em sentido contrário que, em um primeiro momento, visa reequilibrar, rearmonizar e neutralizar o negativismo de quem desencadeou a ação negativa.

Mas, se essa reação limitada é insuficiente para que a ação cesse e a pessoa prossegue agindo em desacordo com as leis preservadoras, ondas contínuas começam a ser enviadas contra ela que, ou cessa sua ação negativa, ou começa a sofrer as consequências da reatividade preservacionista que, antes de começar a afetar o espírito da pessoa em questão, irá desestimulá-la no seu intento destrutivo.

Mas, se a reatividade automática não conseguir fazer com que o agente negativo cesse sua destrutividade, mecanismos reativos da Lei Maior são ativados e aí entram em ação os poderes responsáveis pela aplicação de leis drásticas, que afetarão de forma sensível o causador do desequilíbrio, chegando a afetar seu espírito e posteriormente seu corpo biológico.

Cada Orixá tem sua reatividade natural, que entra em ação sempre que a paz, a harmonia e o equilíbrio em seu domínio na criação são quebrados ou estão sendo colocados em risco. A reatividade de um Orixá acontece por meio do cordão mental invisível que o liga a todos os seres, porque é através dele que a pessoa que está agindo negativamente começa a receber as vibrações que a desestimularão justamente na sua ação negativa. A vibração reativa vai se concentrando no mental e vai imantando-o com fatores com as mais diversas funções, tais como: desestimuladora, redirecionadora, paralisadora, regredidora, revertedora, retornadora, etc." (Rubens Saraceni – *Orixá Exu Mirim* – Madras Editora.)

A REATIVIDADE DO MISTÉRIO NANÃ BURUQUÊ

Nanã, com seus fatores reativos, exerce influências sobre as profundezas mentais escondidas no inconsciente dos seres. Muitos são os fatores reativos gerados por essa Mãe, como os fatores decantador, paralisador, desmemorizador, petrificador, depurador, degenerador, absorvedor, retrocededor, empantanador, etc.

Tudo na criação gira em torno do equilíbrio, vontade e desejo, razão e emoção, racional e emocional, e Mãe Nanã atua no racional (vontade), decantando os emocionais negativados e viciados (desejos), preparando os seres para uma nova vida, pois, se o emocional estiver em desequilíbrio, traz graves consequências à evolução de todos. Quanto mais um ser raciocina, mais atitude de ordem racional terá. Um desejo é apenas um desejo, mas uma vontade é uma fonte inesgotável de energia, colocada à disposição dos seres para que alcancem seus objetivos, por meio de uma maturidade consciencial, a razão.

A divina Mãe Nanã é um poder regulador da evolução dos seres e seus fatores reativos só se ligam aos mentais em profundo desequilíbrio consciencial e que estejam vibrando continuamente sentimentos negativos, regredindo na sua evolução ou impedindo a de outros seres. Nanã decanta seus negativismos, ainda na carne, e paralisa suas evoluções desvirtuadas, mediante processo depurador a que fazem jus, pois, para todos os mistérios de Deus, é melhor a reativação do que esperar a queda dos seres em espírito, nas esferas negativas, após o desencarne.

No sentido da Evolução, quando ativados, os fatores reativos de Nanã geralmente se apresentam como doenças degenerativas ou associadas ao envelhecimento, tais como doença de Parkinson, mal de Alzheimer, confusão mental, amnésia com perda parcial ou total da memória, onde gradativamente os seres começam a se desligar das suas realidades.

Com seu fator retrocededor, a Divina Mãe Nanã desencadeia, também no corpo físico, doenças, geralmente na idade em que as falhas foram cometidas em vivências passadas, para depuração do negativismo, desintoxicação energética, reajustamento íntimo e reparação diante da Lei Maior.

Muitas causas de doenças podem ser esclarecidas pelo processo da reencarnação, sendo patologias com precedentes espirituais, adquiridas por atos equivocados cometidos nesta ou em outras vidas, por afinidades magnéticas e outras atitudes. A questão saúde-doença está profundamente vinculada à lei da ação e reação, da causa e efeito, do carma. Em virtude de pensamentos negativos, sentimentos doentios e atitudes destrutivas, os seres sabotam a própria saúde psíquica, mental, emocional, energética e espiritual, acumulando fluidos negativos em seu corpo astral ou perispírito, que serão forçosamente expelidos ao corpo físico, que age como uma espécie de depurador de impurezas energéticas.

No plano físico do corpo humano, o cérebro é quem comanda todas as funções biológicas e atividades, como as ações motoras, a integração dos estímulos sensoriais e as atividades neurológicas, da memória e da fala. E o cérebro com deficiências funcionais prejudica os sentidos físicos do tato, olfato, audição, visão e paladar, além de afetar o sistema neurológico, prejudicando a coordenação motora, provocando tremores e dificultando o ser de caminhar e se movimentar.

No plano etéreo do espírito humano, quem comanda é o mental, onde está gravado o código genético espiritual (a memória). É por ele que os cordões energéticos, divinos ou positivos, negativos ou nocivos, e as irradiações fatorais ativas ou reativas das divindades de Deus, os Orixás, ligam-se e suas irradiações são distribuídas para o corpo espiritual e absorvidas pelos chacras dos seres.

Um ser que desequilibra seu racional, pela insistência e rigidez em vivenciar princípios viciados, como vingança, orgulho, ambição, egocentrismo, inveja, etc., torna-se magneticamente negativo e fica propenso a absorver energias densas. Pela Lei da Afinidade, atrairá espíritos no mesmo padrão vibratório, desencadeando para si um processo de obsessão mútua, uma espécie de acordo.

As chamadas "doenças cármicas" e as de fundo emocional ou psicossomáticas surgem porque o ser está ou já foi magneticamente negativo. As doenças nervosas ocorrem por conta do que o ser vibra atualmente ou do latejar de acontecimentos adormecidos em seu íntimo, ocorridos em outras encarnações.

As vítimas do "Alzheimer", por exemplo, vivem em um círculo vicioso de extrema insistência e trazem condensados em seus mentais um excessivo moralismo e isolamento, muitas vezes de outras vidas, nem sempre tão distantes. Em sua maioria, são espíritos humanos vitimados por processos de auto-obsessão. Tornaram-se negativamente racionais e pouco emocionais (sem sentimentos), agindo em desacordo com a lei do equilíbrio e da evolução. Petrificaram seus racionais e intoxicaram seus mentais com sentimentos doentios, obsessivos de ódio e vingança, que, no geral, se arrastam por várias encarnações.

Invariavelmente, esses seres estão sofrendo consequência da reatividade de Nanã e seu fator desmemorizador, que afetou seu mental e posteriormente seu corpo biológico, o cérebro, onde os seres permanecem no corpo com suas faculdades intelectuais suspensas por tempo indeterminado. Esses seres, total ou parcialmente desmemoriados, estão entregues a si mesmos para ajustes de contas.

O fator desmemorizador, gerado e irradiado por Nanã Buruquê, isola energeticamente os mentais desequilibrados, até que os seres se ajustem com as próprias consciências e, no futuro, ela possa, com seu "barro sagrado", fertilizar seus mentais, gerando novas perspectivas existenciais e evolutivas e não mais obsessivas, com ideias equivocadas, em um processo de reconstrução e remodelação íntima.

Nas esferas negativas, o magnetismo é muito denso e atrai espíritos que desencarnam com muitas insatisfações. Cada um vai para a esfera negativa correspondente ao magnetismo pessoal acumulado em seu mental, onde estão outros espíritos magneticamente afins. Permanecem nessas esferas negativas até que fiquem livres desse magnetismo denso, por descargas energéticas intensas, e possam ascender às esferas positivas ou voltar a encarnar, para refazerem seus corpos espirituais e terem seus racionais e emocionais reajustados.

A Divina Mãe Nanã é a "cirurgiã" das almas doentes e frágeis e utiliza o "bisturi" do amor e da sabedoria ancestral para libertar e curar os seres de suas enfermidades e, assim, poderem prosseguir saudáveis as suas jornadas evolucionistas.

Capítulo 11

Nanã — Orixá da Cura

Nanã é curadora do espírito e do corpo.
Rubens Saraceni

O Fator Curador, gerado e irradiado por Nanã Buruquê-yê, tem a função de libertar os seres dos males espirituais, emocionais, físicos e psíquicos, recuperando e restabelecendo a saúde mental e energética de todos, para assim seguirem saudáveis suas evoluções, em todos os sentidos da vida. Esse fator traz junto a si outros fatores para sua realização na Criação, tais como: absorvedor, depurador, decantador, transmutador, recuperador, umidificador, medicinador, desinflamador, aliviador, desintoxicador, diluidor, desinfectador, descongestionador, cicatrizador, paralisador, restaurador, reconstituidor, regenerador, revitalizador, recuperador, fluidificador, magnetizador, tonificador, equilibrador, extraidor, etc.

A Divina Mãe Nanã representa a decantação e a calmaria dos nossos sentimentos e emoções. Por isso ela pode nos curar, pois muitas doenças advindas de raiva, ansiedade, inveja, ciúme, impaciência e similares são de fundo emocional e mental. Uma vez decantados esses vícios e desequilíbrios, Nanã nos acalma, transformando-nos e curando.

Nanã, magneticamente, é telúrica e seu polo magnético é tão atrativo quanto a gravidade do planeta Terra. Seu poderoso magnetismo negativo é absorvedor de vibrações e energias negativas. Mas, energeticamente, Nanã só atua por meio da água e, por isso, é identificada como Orixá das Águas, Senhora do Trono Bielemental água e terra. A junção desses dois elementos a personaliza com um poderoso magnetismo curador, ferramenta divina que atua com muita eficiência nos campos astrais, emocionais, mentais e físicos dos seres, beneficiando-os.

A terra, lama ou barro, elemento primordial de Nanã, é importantíssima para a saúde dos seres. Numerosas civilizações antigas, há milhares de anos, conheciam suas propriedades curativas e a utilizavam como fonte principal de tratamento e cura de muitos males da saúde. O próprio Mestre Jesus a empregou na cura de um cego. "... Jesus cuspiu no chão, fez lama com a saliva e colocou-a sobre os olhos do cego..." (João 9 – vers. 1). Os índios até hoje enterram os corpos de seus doentes no barro, deixando apenas as cabeças de fora, para promover a cura. Até os animais se "banham" na terra ou lama, quando feridos ou quando estão com algum mal-estar.

No capítulo 10, em "A Reatividade do Mistério Nanã Buruquê", comentamos a causa de muitas enfermidades e mostramos a reatividade como um recurso da natureza, para saneamento de fluidos tóxicos acumulados no corpo espiritual dos seres, por conta de vícios, desequilíbrios e negatividades racionais e emocionais. Acrescentamos, ainda, que muitas doenças têm origem nas magias negativas ou "negras".

A Divina Mãe Nanã atua recolhendo os seres negativos, conhecidos também como eguns, liberados nesses processos mágicos, que atuam acoplando-se nas auras de suas vítimas, enfraquecendo seus emocionais, destruindo suas estruturas e imunidades energéticas e defensivas, sugando suas energias vitais. Assim, facilmente contaminam os seres com suas energias negativas, deletérias e altamente tóxicas, abrindo caminho para as doenças emocionais e físicas.

Sendo Nanã uma divindade planetária, ela atua sobre os seres encarnados e desencarnados; e se cura suas almas é porque os recoloca na senda da evolução mental e da ascensão espiritual. No corpo humano, sua vibração curadora fixa-se na linfa, nos pulmões, no fígado, no pâncreas e no cérebro.

ARGILA – O BARRO SAGRADO DE NANÃ BURUQUÊ

Nanã, com seu magnetismo, absorve a essência aquática e a irradia como energia elemental aquática; absorve o elemento terra e, após fracioná-lo em essência, irradia-o com sua energia aquática, formando seu magnetismo energético aquático-telúrico, análogo a um barro. A função divina desse barro é absorver as irradiações mentais e emocionais negativas geradas pelos seres e, após irradiar vibrações regeneradoras e higienizadoras, remodelar o íntimo e a estrutura mental e energética, para todos seguirem equilibrados seus caminhos evolutivos.

Encontramos também o "barro sagrado" da Divina Mãe Nanã na natureza, conhecido como argila. Há séculos a humanidade se utiliza das propriedades terapêuticas da argila; numerosas civilizações antigas (dos japoneses, hindus, assírios, vietnamitas, egípcios, chineses, babilônios, índios, etc.) se beneficiaram de suas qualidades curadoras.

Nos dias atuais, temos a sabedoria tradicional aliada a estudos teóricos e práticos da ciência e da medicina, que reconheceu os efeitos terapêuticos da argila, indicando sua utilização de modo preventivo ou como alternativa natural para auxiliar no tratamento de diversas doenças.

No corpo humano, comprovou-se a sua capacidade de absorção de impurezas, em razão da composição rica em sais minerais e do seu grande poder radioativo e eletromagnético, que puxa toxinas para fora do organismo, mediante aplicação direta sobre a pele, em forma de compressas ou banhos de "lama", promovendo purificação e regeneração.

A argila possui ação desintoxicante, anti-inflamatória, antisséptica, absorvente, anti-infecciosa, antitraumática, cicatrizante, antitumoral, emoliente, refrescante, tonificadora, vitalizante, regeneradora de células e outras diversas propriedades terapêuticas e medicinais.

Nanã é a força divina da natureza que disponibiliza, para os seres, argilas e outros recursos naturais para viverem saudáveis emocional, mental, energética e fisicamente. A cura está, literalmente, sob nossos pés.

Na Criação, tudo se repete do micro ao macro e as propriedades terapêuticas da argila também podem ser ativadas magisticamente, para auxiliar e beneficiar energeticamente a todos que queiram receber ou doar as irradiações curadoras da Divina Mãe Nanã. Lembramos que a argila não é um elemento mágico que cura tudo e todos. Há fatores importantes para conquistar resultados, como a consciência da necessidade de higienizar os próprios pensamentos e sentimentos, em uma atitude de comprometimento com a própria vida e evolução, aliados com a força de vontade de buscar fazer de cada dia um dia melhor, para si e para todos ao seu redor.

ATIVAÇÃO MAGISTICA DE CURA, NA IRRADIAÇÃO DE MÃE NANÃ

A Umbanda é uma religião mágica por excelência e seu fundamento mágico encontra-se na manipulação das essências espirituais, naturais e divinas da natureza. Um processo mágico positivo está à disposição de todos aqueles que buscam se afinizar com os infinitos recursos divinos que a natureza nos fornece por meio dos seus regentes, os Sagrados Orixás.

Após algumas orientações, ensinaremos um trabalho de cura na força e irradiação de Nanã Buruquê.

1) Se for para si mesmo, sugerimos que seja tomado um banho de ervas, com folhas de hortelã, pétalas de crisântemos roxos e uma "colher de café" de açúcar.

2) Se for para uma pessoa distante, porém, não impossibilitada de comunicação, peça permissão a ela para realizar esse trabalho, utilizando seu nome ou fotografia. Antes de abri-lo, tome o banho de ervas recomendado e acenda uma vela branca para seu Anjo da Guarda. No caso de ser umbandista, poderá também firmar suas forças espirituais, pedindo proteção para auxiliar seu semelhante.

3) No caso de ser para uma pessoa que, por algum motivo, esteja incomunicável, com doença grave, siga a orientação do item 2, acrescentando uma vela branca, oferecendo para o Anjo da Guarda e para as proteções espirituais da pessoa, pedindo licença para interceder por ela.

4) Há vários tipos de argilas, de diferentes cores; todas cumprirão suas funções, pois estarão sendo potencializadas e energizadas com as vibrações, irradiações e energias de Mãe Nanã, que ativará seus princípios mágicos e energéticos.

5) Nunca reaproveitar a argila, que, uma vez utilizada para si ou para outros, deverá retornar à terra, sendo enterrada.

Providenciar os seguintes elementos:
- um alguidar pequeno
- sete velas lilases;
- um pacote de argila (suficiente para o alguidar);
- cinco copos de água.

Procedimentos:

Dentro de um templo ou residência, faça um círculo no chão, com as sete velas lilás, colocando no seu centro o alguidar com a argila.

No caso de ser para outra pessoa, coloque o nome ou a foto sobre a argila e, em cima, um copo de água.

Distribua os outros quatro copos de água ao redor do alguidar, formando uma cruz.

Ajoelhe-se diante do círculo, acenda as velas, eleve seu pensamento a Deus e à Divina Mãe Nanã e faça esta oração:

"Senhor Deus, nosso Divino Criador Olorum! Eu O reverencio com todo meu amor e gratidão e peço-lhe bênção e licença para evocar neste espaço mágico a divina Nanã Buruquê-yê. Amém!

Divina Orixá Nanã! Eu evoco e reverencio respeitosamente o seu poder divino e peço que suas irradiações curadoras ativem este espaço sagrado, consagrado à senhora, e as propriedades naturais, divinas, energéticas, magnéticas, vibracionais e espirituais destes elementos. Amém!

Amada Mãe Nanã! Peço que suas irradiações curadoras me envolvam completamente (ou envolvam tal pessoa), decantando, absorvendo, depurando, diluindo, desintoxicando, desinfetando, desinflamando, descongestionando, cicatrizando, dissipando toda energia, vibração e seres negativos que estejam atuando contra minha (ou dela) saúde emocional, mental, espiritual e física. Paralise todas as fontes irradiadoras de ondas magnéticas negativas, neutralizando energias nocivas e deletérias que estejam direcionadas e instaladas nos meus (ou nos seus) campos energéticos, corpos internos e vibratórios e órgãos vitais, enfraquecendo e desequilibrando-me (ou a ela). Desintegre divina Mãe, todas as toxinas energéticas, infecções fluídicas e formas-pensamento enfermiças que estejam contaminando meu (ou seu) corpo etéreo.

Peço-lhe também que os males que estiverem comprometendo minha (ou dela) saúde mental, física, emocional e energética, seja em razão de magias negativas, obsessão ou perseguições espirituais, sejam envolvidos por suas vibrações. Que todos os seres, criaturas e seus manipuladores e sustentadores mentais e energéticos sejam recolhidos, purificados, decantados e encaminhados, de acordo com a sua Lei na Evolução. E, caso a causa seja proveniente de vidas passadas, peço que suas irradiações atemporais envolvam tudo, desestabilizando as constituições energéticas negativas, conscientizando e curando tudo e todos, permitindo, assim, que a partir deste momento, possamos retornar ao nosso caminho evolutivo, restaurados.

Clamo à Senhora, Divina Mãe Nanã, que me envolva completamente com seu sagrado manto e que suas vibrações vivas e divinas curadoras restituam, energizem, revitalizem e fortaleçam todo meu (ou seu) sistema imunológico, energético e físico, tonificando meus campos vibratórios e órgãos vitais. Regenere e reequilibre, amada Orixá, meu (seu) mental, emocional, psíquico e espiritual, minhas (suas) forças divinas, naturais e espirituais, acalmando e tranquilizando todo meu (seu) ser, para seguir fortalecida minha (sua) caminhada evolutiva, em todos os sentidos da vida.

Agradeço, Grande Mãe Nanã Buruquê, por sua intervenção, proteção e amparo divino em nossas vidas e evoluções.

Saravá Nanã Buruquê! Saluba Nanã!"

Aguarde a consumação das velas, pegue todos os elementos, alguidar com argila, restos da cera das velas e enterre em algum lugar, fora do local. Despeje as águas dos copos, em cima da terra em que o alguidar foi enterrado, e diga: "Divina Mãe Nanã! Em sua sagrada terra molhada entrego meus (seus) males, para que, curado, transformado e renovado possa seguir a caminhada evolucionista rumo ao Divino Criador Olorum. Amém! Agradeço imensamente Divina Mãe Nanã! Saluba Nanã!".

Observação.: Por ter de enterrar, orientamos que o trabalho seja realizado em um alguidar pequeno. Não deixe os copos no local, descarte-os.

BENZIMENTO – SABEDORIA ANCESTRAL DA CULTURA POPULAR

Nanã é uma divindade planetária e seus fatores divinos atuam sobre tudo e todos na Criação. Indiferentemente do nome humano que lhes são dados, todas as divindades de Deus (Orixás, Santos, Arcanjos, etc.) são qualidades divinas e manifestam seus atributos e atribuições em todas as religiões e culturas, amparando e auxiliando todos os seres em suas jornadas evolucionistas rumo ao Divino Criador Olorum, Deus.

Encontramos o fator curador, gerado e irradiado pela Divina Mãe Nanã, na cultura popular conhecida como benzimento, que é uma prática religiosa-magística tradicional e desempenha a função de auxiliar na cura, na prevenção ou na redução de muitos males que atingem os seres, sejam físicos, emocionais ou espirituais. O benzimento é ativado com elementos místicos de uma religião ou segmento filosófico, combinado com o conhecimento medicinal popular. Tal característica é encontrada em várias culturas, nas suas mais diversificadas formas de prática.

A ação de benzer remete ao fator benzedor, que tem a função de abençoar, dar a bênção, louvar, falar bem ou bendizer. É uma ação benéfica que um ser transmite a outro, por meio da palavra ou da oração, carregada de poder. É uma súplica a Deus e às suas divindades, para intercederem a favor da vida dos semelhantes.

O ritual do benzimento é um saber prático, baseado na experiência e no conhecimento adquiridos no cotidiano e geralmente sua prática advém de herança familiar, transmitida de geração a geração ou por meio de aprendizado voluntário. Mas também há seres nos quais o dom se manifesta espontaneamente e são conhecidos como benzedores ou benzedeiras, curandeiros ou curandeiras, rezadores, raizeiros ou erveiros. E todos têm em comum a cura pela natureza e pela fé.

As pessoas que praticam a cura por meio do benzimento ou de outros métodos alternativos medicinais, buscam preservar e transmitir seus conhecimentos e, apesar de se apresentarem muitas vezes em nome de alguma religião, não estão necessariamente ligados a nenhuma delas; atuam livremente em suas casas e comunidades, seja em meio urbano ou rural.

Pessoas comuns que aplicam a sabedoria ancestral, calcadas na tradição do saber popular e na fé, servem de instrumentos a Deus e suas divindades, auxiliando a vida daqueles que buscam, por meio deles, amenizar seus males. São conhecedores dos mistérios da sábia fonte que é a natureza, realizam simpatias, indicam remédios naturais ou chás que contêm ervas, folhas, raízes, cipós ou cascas, sempre de acordo com as fases lunares, para propiciarem melhores resultados a seus pacientes.

O grande poder de realização do benzimento se encontra fundamentado na iluminada ação da caridade. Os verdadeiros e tradicionais benzedores e benzedeiras não determinam valores e não recebem "pagamentos" por suas práticas, pois consideram o dom de benzer uma graça divina. A maioria dos elementos mágicos que utilizam vem "gratuitamente" da natureza: ramos de ervas, água, penas, terços confeccionados com sementes, bem como outros de simples aquisição, velas, água benta, óleos, etc.

Sabedoria ancestral, cura, fé, tradição, simplicidade, caridade, compaixão, afetividade, o cuidar do outro, humildade, tudo isso e muito mais encontramos personalizado na Grande Mãe Nanã! E esses benzedores e benzedeiras, curandeiros e curandeiras, rezadeiros e rezadeiras, raizeiros e raizeiras, representam e executam humanamente as qualidades divinas das Divindades da Natureza, dos Santos, dos Anjos e de Deus.

Em especial, dedicamos nossas homenagens às benzedeiras e curandeiras, mulheres idosas e sábias, que conservam e praticam os conhecimentos ancestrais, em suas humildes residências, onde cultivam as próprias ervas e, com todo desprendimento e amor, auxiliam o seu semelhante.

"Toda mulher parece com uma árvore. Nas camadas mais profundas de sua alma ela abriga raízes vitais que puxam a energia das profundezas para cima, para nutrir suas folhas e frutos. Ninguém compreende de onde uma mulher retira tanta força, tanta esperança, tanta vida. Mesmo quando são cortadas, tolhidas, retalhadas, de suas raízes ainda nascem brotos que vão trazer tudo de volta à vida outra vez." (Clarissa Pinkola – *A Ciranda das Mulheres Sábias* – Rocco Ed.)

Para conhecimento de todos aqueles que queiram utilizar, segue uma prática de benzimento tradicional de família, que gentilmente nos foi cedida por nossa irmã em Oxalá, Fernanda Manzano Tognoli.

Benzimento com azeite

Pegue um prato fundo branco e coloque água limpa. Com a mão esquerda, segure uma colher de sopa de azeite (no azeite puro o efeito magístico é potencializado). Com a mão direita, faça o sinal da cruz, dizendo: "Em nome do Pai, do Filho e do Espírito Santo, que neste momento eu seja utilizada como instrumento Divino, para que através de mim flua a energia de Deus e que, com esta água sagrada e este azeite, todo e qualquer quebranto seja quebrado, toda inveja e mau-olhado sejam tirados."

Molhe no azeite o dedo médio ou o indicador e, sem encostar na água, faça pingar gotas do azeite, fazendo o sinal da cruz, e dizendo: "fulano de tal (nome), tens quebranto; três te puseram e três tirarão, em nome do Pai, do Filho e do Espírito Santo. Fazer isso sete vezes.

Quando acabar a sétima vez, diga: "que todo o quebranto seja quebrado, que toda inveja e mau-olhado sejam tirados e que eu tenha sido usada como instrumento. Que nada fique em mim, em nome do Pai, do Filho e do Espírito Santo. Amém!".

Se o azeite espalhar na água e quase desaparecer, é sinal que o quebranto estava muito forte. Quando isso acontecer, repetir mais duas vezes, usando a mesma água, até que as bolinhas de azeite fiquem sem se misturar na água. Dar um intervalo de meia hora entre cada benzimento.

Quando o azeite não se misturar na água e as bolinhas ficarem normais, como óleo pingado, é sinal de que não era quebranto, nem inveja, nem mau-olhado. A própria reza já ajuda a amenizar o efeito ruim que está atuando na pessoa.

Pode-se benzer uma ou mais pessoas na mesma água e com o mesmo azeite, contanto que se faça a reza para cada um, separadamente.

Efeito para os clarividentes: no momento em que se reza, ocorrem a ativação do azeite e a emissão de um brilho, como se esse ingrediente fosse ouro. Quando as cruzes começam a ser feitas, com o azeite pingando na água, esferas douradas gigantes se elevam e envolvem completamente, por alguns segundos, quem está benzendo e quem está sendo benzido, e a energia dourada dessas esferas, logo após, é absorvida por ambos.

Capítulo 12

A Transcedência
— Vida e Morte

> *Transcendência é notar o divino no vulgar, o sagrado*
> *no profano e o eterno no efêmero.*
> Ricardo Godin

O transcendente está associado ao imortal e ao essencial. Como Senhora da Transcendência, Mãe Nanã cuida das passagens. É a grande guardiã do saber ancestral da vida dos espíritos encarnados e desencarnados, que acumula as experiências históricas das civilizações. Ela representa a memória transcendental do ser humano, pois é o acervo das reações pré-históricas dos nossos antepassados. É a Orixá primordial, vinculada às origens da Terra e do ser humano.

Como Senhora da Morte, da Transcendência e das Passagens, Nanã Buruquê atua no nosso carma; é a regente cármica do Trono Feminino da Evolução. É a mãe ligada ao mistério da vida e da morte, às doenças senis, à velhice, à preparação para a morte e ressurreição do espírito. "Nascimento, vida e morte são estágios de uma viagem iniciática", início, meio e fim.

Só Deus gera vidas, mas ele concedeu aos encarnados a possibilidade de reproduzir o corpo carnal que abriga o espírito em sua vida na matéria, por uma herança genética. Porém, o espírito é gerado na origem divina que é Deus.

A Orixá Nanã é uma divindade velha e, como tal, representa a transição entre o fim da vida na matéria e o início da vida em espírito. Morte e nascimento, perda e retorno à vida, são o "confronto com dois aspectos polêmicos da frágil condição humana" (Cléo Martins). Nanã zela pela continuidade da espécie; é a propiciadora da vida no planeta, mas também é a senhora responsável pela efemeridade dela, pois nosso tempo na Terra é limitado, nosso corpo é "emprestado" por um tempo determinado.

Mas Nanã, também, por sua qualidade decantadora, é a divindade ou o mistério de Deus que atua sobre o espírito que vai reencarnar, decantando todos os seus sentimentos, mágoas e conceitos, diluindo seus acúmulos energéticos, e o adormece, para que Obaluaiê o reduza ao tamanho do feto no útero da mãe, que o reconduzirá à luz da carne. Obaluaiê, o Senhor das Passagens dos estágios dos planos da vida, rege a evolução dos seres e Mãe Nanã decanta os seres de seus vícios e desequilíbrios, adormecendo-os, preparando-os para a reencarnação.

O mistério Nanã paralisa momentaneamente os negativismos, para que o reencarne seja possível. O magnetismo decantador de Mãe Nanã atua tanto sobre o corpo físico quanto sobre o espiritual. Ela age adormecendo a memória do espírito, preparando-o para uma nova vida, em que não se lembrará do que vivenciou antes. Nanã é o mistério que ajuda a nossa reencarnação, apagando a memória, passando o consciente para o inconsciente. Tudo é esquecido nas profundezas impenetráveis, como no fundo dos seus lagos lodosos.

O espírito, ligado ao feto, é envolvido pela calma do amor ancião de Mãe Nanã, também chamada Orixá da Encarnação, e vai passando por uma adaptação magnética que adormece seus conhecimentos, para que não interfiram no destino da nova vida na carne.

Quando nasce para a carne, automaticamente o magnetismo do espírito se ajusta ao padrão vibratório da mãe geradora, para que não ocorram distúrbios energéticos nos corpos físico, magnético e espiritual. Mãe e filho estão emocionalmente tão unidos antes do nascimento que o feto sente qualquer sensação sentida pela mãe.

Uma reencarnação deve ser muito bem aproveitada como recurso retificador, uma vez que possibilita ao ser adquirir uma consciência virtuosa. Para o espírito recém-encarnado, o seu bem maior é a vida. Ele não se lembra de nada, mas tem vontade de viver, respirar, comer, sentir-se amado e protegido, mesmo sem ter noção de si mesmo e do que o cerca.

Nanã, embora propicie a vida, retira a imortalidade, determinando a transitoriedade na Terra. Ela é a Senhora da Vida que induz à morte, limitando a vida na Terra. Nanã é associada à senilidade, à velhice, quando a pessoa é tomada pelo esquecimento do que vivenciou. Ela adormece os conhecimentos e deixa morrer para renascer.

A morte, o nosso fim na matéria, é certa, irrefutável, inevitável e temida. Esse fim costuma ser mais aceitável por aqueles que creem na reencarnação, na continuidade da vida, na mudança de plano existencial. Vida e morte são inseparáveis. A lembrança da morte é angustiante apenas para aqueles que a encaram como algo negativo.

Porém, Nanã não traz a morte, como pensam alguns; ela é a velha vovó amorosa que nos ajuda a passar pelos difíceis momentos da morte, especialmente se é uma morte ruim. Ela traz a calma dos seus pontos de forças, os lagos, retomando os filhos após a morte.

Como Senhora do Reino da Morte, a travessia final, é a mãe das mães, que acolhe os desencarnados em seus braços e atua por atração magnética sobre os seres com evolução paralisada e emocional desequilibrado. Com seus fatores, ela tem as funções de paralisar, entorpecer, suspender e neutralizar a ação ou trabalho dos outros fatores.

Existe uma passagem, um portal mágico entre o mundo dos vivos e o dos mortos, que é uma espécie de fronteira entre a vida e a morte. Mãe Nanã acompanha a nossa entrada em espírito no mundo astral, pois é a responsável pela abertura e pelo fechamento desse portal de entrada e saída das almas. Todos os mortos são considerados seus filhos. Ela é a senhora da travessia final e "o desencarnado somente 'desocupa' a crosta terrena, deixando de estar morto, igual andarilho entre vivos encarnados, quando o portal de Nanã, que dá passagem à nova morada, é aberto" (Norberto Peixoto – *Os Orixás e os Ciclos da Vida*).

Como elemento, Nanã é a terra fofa que recebe, acalenta e esquenta os cadáveres, em uma repetição do que ocorre na vida intrauterina; por meio dela, os mortos são modificados para poderem nascer de novo e vivenciarem um novo destino. Todos nós estamos sujeitos aos sucessivos renascimentos e mortes, e Mãe Nanã faz com que retornemos ao nosso elemento de origem.

Ao decantar as emoções da encarnação, para nos desvincular de laços terrenos, Nanã nos ajuda a aceitar a nova vida espiritual com calma e naturalidade, pois conduz a situação com serenidade. Ela age, no rito de passagem à outra dimensão, com muito respeito à individualidade e ao momento sagrado de cada ser. Mas o momento da morte de cada um, somente Olorum decide.

Atuando na memória do ser que desencarna, Nanã dilui seus acúmulos energéticos negativos, fazendo-o esquecer, num processo semelhante à senilidade, para que não lembre de seu passado. Esse benefício divino do esquecimento faz com que se esqueça das tristezas causadas no passado de outras encarnações, para não atrapalhar a atual retificação.

Até aqui tratamos de alguns fatores, mistérios e qualidades da Orixá Maior Nanã Buruquê. Na sequência, vamos abordar as Nanãs Intermediárias, os Guardiões da Lei e os Guias Espirituais na irradiação de Nanã, a hereditariedade, a relação com a Natureza e as oferendas.

Capítulo 13

Hierarquias e Entrecruzamentos

O Trono das Sete Encruzilhadas irradia e rege as sete essências básicas fundamentais e tem sua hierarquia de auxiliares, os sagrados Orixás, regentes dessas sete essências básicas formadoras deste planeta. Esse Trono está assentado no centro do todo planetário multidimensional e os sagrados Orixás são denominados de Orixás essenciais cristalino, mineral, vegetal, ígneo, eólico, telúrico e aquático.

Esses sete Orixás essenciais originam os Orixás elementais, que pontificam as hierarquias naturais que regem as dimensões da vida, onde os seres evoluem.

Os Orixás essenciais irradiam as essências e os Orixás elementais, identificados pelos elementos formadores da natureza terrestre, emprestam suas qualidades a elas. Já os Orixás naturais dão-lhes seus atributos e os Orixás regentes dos níveis vibratórios participam com as atribuições. A nossa crença umbandista está fundamentada na seguinte ordem de valores:

• **Primeiro Nível** – Olorum, nosso Divino Criador.

• **Segundo Nível** – Tronos Fatorais, emanações de Olorum, formadores da Coroa Divina, que foi desdobrada em vários dos seus aspectos, que vibram em sintonia com as essências. São Tronos que geram e emanam contínua e verticalmente seus fatores e suas essências.

• **Terceiro Nível** – Orixás Ancestrais, o setenário sagrado, os sete pares de Orixás, emanações diretas do Divino Criador, a reger todos os seres e todas as dimensões da vida no todo planetário. A qualidade original doada por Deus a uma Divindade é passada a todos os seres fatorados por ela, que assumem as mesmas características e atribuições.

- **Quarto Nível** – Tronos Intermediários. Os 14 Orixás Naturais e suas hierarquias espalhadas por toda a Natureza, abarcando todos os estágios da evolução ou planos da vida e todos os níveis conscienciais, vão se desdobrando e se multiplicando. Uma qualidade de Deus dá origem a muitas classes de divindades, que se multiplicam infinitamente, pois essa qualidade é infinita em si mesma. São esses sete pares de Orixás que pontificam as Sete Linhas de Umbanda.

Nesse quarto nível, ocorre a projeção dos 14 polos magnéticos, desdobrados em polos positivos e polos negativos, criando os Tronos Intermediários, repetidores e multiplicadores das qualidades originais das Divindades de Deus. Essas irradiações verticais atravessam as correntes eletromagnéticas horizontais, ganhando novos qualificativos.

- **Quinto Nível** – Tronos Intermediadores, projetados pelos Tronos Intermediários e regidos por eles.

- **Sexto Nível** – Tronos Individuais ou pessoais e os espíritos humanos. É desse sexto nível vibratório, cujo magnetismo é o mais próximo do nosso, que saem os Orixás individuais dos médiuns e as Linhas de Trabalho e Ação.

"Toda a gênese obedece a essa ordem: o magnetismo surge de uma qualidade divina, pois ela flui em um padrão de onda próprio que vai imantando tudo o que toca. Então, a imantação absorve o seu fator afim que a qualifica. Esta qualidade absorve uma essência afim que a distingue e densifica até que assuma a condição de elemento. E este começa a gerar energias que alcançam os sentidos, despertando os sentimentos afins com a qualidade divina que iniciou todo o processo.

Com as hierarquias divinas acontece a mesma coisa, e o mesmo se repete na criação, nas criaturas, nos seres e nas espécies." (R. Saraceni – *Gênese Divina de Umbanda Sagrada* – Madras Editora)

Deus estabeleceu a evolução dos seres nas irradiações verticais (Orixás Maiores) e nas horizontais (Orixás Intermediários) e essas ações divinas se estendem do macro ao microcosmo, onde ocorrem os mesmos fenômenos.

A Divindade Nanã, graças aos seus fatores delimitador e magnetizador, é a responsável por dividir a criação em faixas vibratórias, dimensões, reinos e domínios de tudo e de todos, inclusive dos outros Orixás, também com a função de fixar cada coisa no seu lugar na criação.

As sete linhas energo-magnéticas do ritual de Umbanda (Fé, Amor, Conhecimento, Justiça, Lei, Evolução e Geração) estão nas irradiações verticais, cujos polos magnéticos são ocupados pelos Orixás Naturais Maiores. Nas correntes eletromagnéticas horizontais, estão os polos magnéticos ocupados pelo Orixás Naturais Intermediários.

Existem várias faixas, para que uma possa sustentar a faixa posterior e apoiar-se na anterior, interligando todas as dimensões. Assim, os Orixás Intermediários são influenciados pelos magnetismos dos Orixás Maiores, senhores das correntes magnéticas verticais.

Entre as divindades há uma rígida hierarquia e os graus são respeitadíssimos. O respeito é a base da estabilidade das hierarquias e uma divindade possui sua própria faixa de atuação vibratória, na qual nenhuma outra divindade interfere.

Cada Orixá Maior (Ancestral) comanda sete Orixás Intermediários (médios) e cada um destes comanda mais sete intermediadores (menores), que são os responsáveis pelas linhas de ação e trabalho que atuam nos Templos de Umbanda, por meio das quais se manifestam os Guias Espirituais com seus nomes simbólicos. Esses Orixás Intermediadores estão assentados à Direita e à Esquerda dos Orixás Intermediários.

AS HIERARQUIAS DO TRONO FEMININO DA EVOLUÇÃO

Para Nanã, Deus doou a qualidade decantadora da criação. Quando o Trono das Sete Encruzilhadas se manifestou em Nanã, foram surgindo as hierarquias do Trono Feminino da Evolução:

• **No Terceiro Nível** – Nanã Ancestral ou Orixá Maior Nanã (linha aquático-telúrica pura), Divindade Única do Mistério Feminino da Evolução, que realiza suas funções e manifesta seus poderes de maneira pura.

• **No Quarto Nível** – Tronos Intermediários, Médios, Mistos ou Combinados. A Nanã Natural irradia decantação o tempo todo, verticalmente, e essa sua irradiação atravessa as correntes eletromagnéticas horizontais. Nanã repete o seu aspecto decantador e se multiplica, dando origem às Nanãs Intermediárias, que são as aplicadoras de sua qualidade decantadora, nos campos de atuação das outras divindades do Criador, nas faixas positivas e nas faixas negativas. São qualificadores das qualidades divinas que só atraem seres cujo magnetismo original foi imantado pelo fator decantador, que o irradia verticalmente e atravessa as correntes horizontais das outras divindades, qualificando a irradiação do Trono Nanã, com o segundo elemento.

São hierarquias formadas por divindades da Evolução que manifestam funções e poderes de duas divindades. Exemplo: Nanã Mineral (Nanã e Oxum), Nanã do Lodo (Nanã e Omolu) e outras.

Nanã Buruquê, Orixá cósmica bielemental aquático-telúrica, é manifestadora da qualidade decantadora e maleável do Divino Criador Olorum, que a gerou e a tornou em si essa Sua qualidade dual. Em seu elemento água, Nanã irradia para tudo e todos a maleabilidade, desfazendo o que está paralisado ou petrificado. No elemento terra, Nanã decanta tudo e todos dos seus vícios, desequilíbrios ou negativismos. Mãe Nanã, por essas qualidades, também as gera em si, multiplicando-se nos seus Tronos Intermediários e se repetindo na qualidade divina que lhes transmite pela sua hereditariedade.

Temos uma Nanã pura e mais 13 outras, que continuam sendo Nanãs, mas assumem as qualidades das linhas de forças em cujas vibrações atuam. Elas assumem as qualidades dessas vibrações, que passam a ser seus atributos.

As 13 ondas fatoriais magnetizadas que a onda magnética essencial aquático-telúrica (Nanã) absorve, além de darem origem a hierarquias diferenciadas dos tronos decantadores, capacitam-na a densificar-se magneticamente. O padrão vibratório universal do Divino Trono Nanã gera, em cada um dos subpadrões dos outros Orixás, um "tipo" de Nanã e faz surgir suas manifestadoras divinas, nos subplanos da criação (natureza) e da vida (seres).

Na Umbanda, todas as divindades intermediárias são definidas por nomes simbólicos e ninguém incorpora uma Nanã de nível intermediário ou qualquer outro Orixá dessa magnitude. Essas Divindades são regentes de níveis vibratórios e Orixás multidimensionais.

I – AS SETE NANÃS INTERMEDIÁRIAS REGENTES DOS POLOS MAGNÉTICOS POSITIVOS

Essas faixas são chamadas positivas ou passivas porque nelas as ondas transportam todos os tipos de fatores, tornando-as multicoloridas.

Primeira NANÃ BURUQUÊ – é nominada de Nanã Cristalina ou Nanã Racionalizadora da Fé. Orixá intermediário que atua intensamente na vida dos seres que, após terem sido decantados de seus princípios religiosos emocionais ou negativos, para as suas vidas e a de seus semelhantes, racionaliza-os, para reiniciarem suas evoluções no sentido da Fé. Na horizontal ela recebe a irradiação celestial da corrente eletromagnética cristalina, regida por Oxalá (Orixá da Fé).

Segunda NANÃ BURUQUÊ – é nominada de Nanã Mineral ou Nanã Racionalizadora da Concepção e do Amor. Orixá intermediário que atua intensamente na vida dos seres que, após terem sido decantados de seus desvirtuamentos da concepção e sexualidade e negativação do amor em suas vidas e de seus semelhantes, racionaliza-os, para reiniciarem suas evoluções no sentido da concepção e do amor. Na horizontal ela recebe a irradiação celestial da corrente eletromagnética mineral, regida por Oxum (Orixá do Amor).

Terceira NANÃ BURUQUÊ – é nominada de Nanã Vegetal ou Nanã Racionalizadora do Conhecimento. Orixá intermediário que atua intensamente na vida dos seres que, após terem sido decantados de seus raciocínios desvirtuados e expandido negativamente o conhecimento na vida de seus semelhantes, racionaliza-os, para reiniciarem suas evoluções no sentido do conhecimento. Na horizontal ela recebe a irradiação celestial da corrente eletromagnética vegetal, regida por Oxóssi (Orixá do Conhecimento).

Quarta NANÃ BURUQUÊ – é nominada de Nanã Ígnea ou Nanã Racionalizadora da Justiça. Orixá intermediário que atua intensamente na vida dos seres que, após terem sido decantados de seus desequilíbrios dos princípios da razão e negativado a Justiça em suas vidas ou de seus semelhantes, racionaliza-os, para reiniciarem suas evoluções com equilíbrio e senso de justiça. Na horizontal ela recebe a irradiação celestial da corrente eletromagnética ígnea, regida por Xangô (Orixá da Justiça).

Quinta NANÃ BURUQUÊ – é nominada de Nanã Eólica ou Nanã Racionalizadora da Lei. Orixá intermediário que atua intensamente na vida dos seres que, após terem sido decantados de suas desordens emocionais e negativações dos princípios da Lei em suas vidas ou nas vidas de seus semelhantes, racionaliza-os, para reiniciarem suas evoluções ordenadamente, em acordo com as Leis Divinas. Na horizontal ela recebe a irradiação celestial da corrente eletromagnética eólica, regida por Ogum (Orixá da Lei).

Sexta NANÃ BURUQUÊ – é nominada de Nanã Telúrica ou Nanã Racionalizadora da Evolução. Orixá intermediário que atua intensamente na vida dos seres que, após terem sido decantados de seus racionais desequilibrados ou emocionalizados, por terem negativado suas evoluções e as de seus semelhantes, racionaliza-os, para reiniciarem essas evoluções com maturidade e sabedoria. Na horizontal ela recebe a irradiação celestial da corrente eletromagnética telúrica, regida por Obaluaiê (Orixá da Evolução).

Sétima NANÃ BURUQUÊ – é nominada de Nanã Aquática ou Nanã Racionalizadora da Geração. Orixá intermediário que atua intensamente na vida dos seres que, após terem sido decantados de seus princípios geradores negativos para si e para a vida de seus semelhantes, racionaliza-os, para reiniciarem suas evoluções na criação, gerando, preservando e amparando a Vida. Na horizontal ela recebe a irradiação celestial da corrente eletromagnética aquática, regida por Iemanjá (Orixá da Geração).

AS SETE NANÃS INTERMEDIÁRIAS CÓSMICAS, REGENTES DAS FAIXAS NEGATIVAS

1ª) – NANÃ DO TEMPO – É um Orixá Intermediário que, na horizontal, recebe a irradiação cósmica da corrente eletromagnética cristalina, regida por mãe Logunan, Orixá da Religiosidade.

Só o Tempo traz em si o fator gerador de novos fatores, com a capacidade de solucionar todas as dificuldades. O Tempo amadurece os pensamentos e molda as necessidades dos meios e dos seres.

Mãe Nanã do Tempo, a Senhora das Eras, com Logunan, a Senhora dos Mistérios do Tempo, decanta os espíritos desvirtuados nas coisas da fé e da religiosidade, fanatizados e emocionalizados nos sete sentidos da vida durante eras. Ela tem o poder de fazer com que os seres retrocedam no tempo e retomem suas evoluções, a partir do momento em que se desviaram, decantando os negativismos e conscientizando-os.

2ª) – NANÃ DOS PÂNTANOS – É um Orixá Intermediário que, na horizontal, recebe a irradiação cósmica da corrente eletromagnética mineral, regida por Pai Oxumaré, o Orixá diluidor e renovador.

O pântano, seu ponto de força, é um ecossistema formado por águas paradas e pouco profundas, frequentes na foz de grandes rios, em deltas, em lagos, nos rios em meandros com seus lagos em forma de meia lua, áreas alagadas, cujas águas são aquecidas pela radiação solar e propiciam o desenvolvimento de ricas faunas (cobras, jacarés, rãs, lesmas, camarões, lagostas, sapos, etc.).

Mãe Nanã dos Pântanos decanta e dilui os negativismos dos seres caídos, no sentido da sexualidade desenfreada e da concepção, que agiram de forma irracional no amor na vida dos seus semelhantes.

3ª) – NANÃ DO LIMBO – É um Orixá Intermediário que, na horizontal, recebe a irradiação cósmica da corrente eletromagnética vegetal, regida por Mãe Obá, Orixá Feminina do Conhecimento.

No seu ponto de força, o limbo ou limo, a lama ou vasa é um tipo de solo fino, com baixa ou nenhuma plasticidade, com vegetação microscópica de algas verdes ou musgo, que se mistura à lama e ao lodo dos fundos de lagos, lagoas, mangues e outros.

Mãe Nanã do Limbo decanta, paralisa, aquieta e densifica o racional negativo dos seres que têm prejudicado os semelhantes, induzindo-os a seguirem conhecimentos desvirtuados, atrasando suas evoluções, indo na direção contrária ao que a Lei Maior lhes reservou.

4ª) – NANÃ DOS POÇOS ESCALDANTES – É um Orixá Intermediário que, na horizontal, recebe a irradiação cósmica da corrente eletromagnética ígnea, regida por Mãe Oroiná, Orixá Feminina da Justiça.

Nanã é a senhora de todos os poços, inclusive dos poços de lavas em altíssima temperatura, seu ponto de força, que contém enxofre. Esses poços escaldantes são encontrados, em geral, em terrenos vulcânicos lamacentos e, assim como os lagos quentes, são chamados de "caldeirões" ou "fervedouros".

Mãe Nanã dos Poços Escaldantes atua intensamente na vida dos seres, decantando e purificando os seus racionais desequilibrados, aplicando sua força aquático-ígnea purificadora naqueles que negativaram os princípios da razão na vida dos seus semelhantes.

5ª) – **NANÃ DAS TORRENTES** – É um Orixá Intermediário que, na horizontal, recebe a irradiação cósmica da corrente eletromagnética eólica, regida por Mãe Iansã, Orixá Feminina da Lei.

As torrentes ou enxurradas são grandes quantidades de águas, com cursos rápidos e impetuosos, provenientes de chuvas abundantes. Também são chamadas "águas selvagens".

Mãe Nanã das Torrentes atua intensamente na vida dos seres, decantando, esgotando e alterando seus mentais e emocionais viciados, que desvirtuaram os princípios da Lei na vida dos seus semelhantes, desordenando suas evoluções, direcionando-os de maneira contrária à Lei Maior.

6ª) – **NANÃ SETE LAGOS** – É um Orixá Intermediário que, na horizontal, recebe a irradiação cósmica da corrente eletromagnética aquático-telúrica da própria Mãe Nanã Maior Orixá.

Os lagos, seus pontos de força, são depressões naturais, com acumulações permanentes de águas em quantidades e extensões variáveis, depositadas nessas depressões por chuva, nascentes locais e cursos d'água. Podem originar-se a partir de falhas geológicas, de afundamento por acumulação de finos sedimentos glaciares e detritos ou por avalanches nas laterais dos vales.

Os lagos podem ser rasos ou profundos, com depósitos de areias, lamas, barros e até areias movediças.

Nanã Sete Lagos atua intensamente na vida dos seres que desvirtuaram os princípios da evolução, paralisando e decantando seus racionais desequilibrados ou emocionalizados, transmutando-os, para não mais interferirem negativamente contra seus semelhantes e contra si mesmos.

7ª) – **NANÃ DO LODO** – É um Orixá Intermediário que, na horizontal, recebe a irradiação cósmica da corrente eletromagnética telúrica, regida por Pai Omolu, Orixá Masculino da Geração.

O lodo, seu ponto de força, é formado por todo material sedimentado pela decantação no fundo dos lagos, dos deltas de rios, dos fundos dos mares e dos pântanos. É uma mistura de substâncias como lamas, matérias orgânicas em decomposição (restos vegetais e animais) e coloides.

Mãe Nanã do Lodo atua intensamente nos seres que atentaram contra os princípios da vida, contra sua própria vida e as dos seus semelhantes, paralisando suas evoluções.

Nos pontos de forças das faixas vibratórias negativas ou domínios dessas sete Nanãs Intermediárias são recolhidos e recebidos os espíritos dos seres caídos em um dos sete sentidos. Aí, eles são mantidos, fixados, esgotados, decantados, depurados, purificados, esvaziados, etc., até que deixem de se conduzir emocional, racional e negativamente no sentido evolutivo.

O que parece punição, não é! É a oportunidade que o ser negativado tem, nos meios mais adversos, para se livrar dos vícios e desenvolver virtudes, que lhe propiciem uma evolução que novamente o una ao Divino Criador, que o reconduza para perto Dele. A transformação é possível.

Lembremos que em um pântano lodoso, com pragas, insetos nocivos, serpentes venenosas e outros animais perigosos nasce a linda flor de lótus, com suas pétalas brancas e rosadas, uma das mais belas das flores.

Nanã, em seus aspectos positivos, forma pares com todos os outros 13 Orixás, mas sem nunca perder suas qualidades "água-terra".

Capítulo 14

Como Ativar as Orixás Nanãs Intermediárias

ATIVAÇÃO DOS SETE LOSANGOS SAGRADOS

A Orixá Nanã Buruquê é uma das divindades de Deus, responsável pelo sentido da evolução dos seres. E, como todas as divindades, ela possui seus mistérios, instrumentos sagrados, elementos naturais, símbolos, ferramentas, etc., que a individualizam e têm o poder de invocá-la.

De acordo com o "Mistério da Escrita Mágica Divina",[3] revelado e trazido para o conhecimento humano pelos Mestres de Magia por meio do médium e Sacerdote Rubens Saraceni, o Mistério dos Sete Losangos Sagrados pertence à Regência Divina de Nanã Buruquê.

Em conformidade com a vertente que seguimos, a Umbanda Sagrada, desenvolvemos a ativação desse mistério, para que todos possam buscar o amparo e a força dessas Mães Nanãs, de uma forma simples e eficiente, quando se sentirem ameaçados, fragilizados mental, espiritual, emocional ou fisicamente, sobrecarregados de energias negativas ou desequilibrados em algum dos sete sentidos da vida (Fé, Amor, Conhecimento, Justiça, Lei, Evolução e Geração).

Os Sete Losangos Sagrados correspondem às irradiações divinas mentais das Sete Nanãs entrecruzadas com os Sete Orixás dos polos positivos e negativos.

Podemos ativar cada um desses losangos, dentro de casa, comércio ou templo, riscando-o no solo com pemba branca, firmando quatro

---

3. Para maiores informações e esclarecimentos, sugerimos o estudo do Livro *Iniciação à Escrita Mágica Divina* – Rubens Saraceni – Madras Editora.

velas das cores correspondentes às vibrações e uma vela branca central que representará o solicitante. Antes de ativar qualquer um dos losangos, sugerimos que seja tomado um banho na força de Mãe Nanã, que deve conter folhas de hortelã, pétalas de crisântemos roxos e uma "colher de café" de açúcar.

Primeiro Losango Sagrado – Mãe Nanã da Fé

Velas: 1 – Branca (N)   2 – Lilás (S)   3 – Branca (L)   4 – Azul-escura (O)

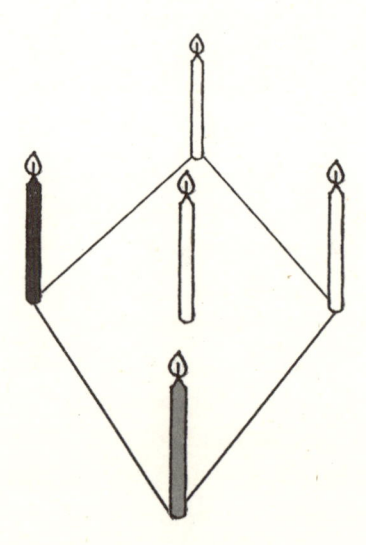

Após elaborar o losango de força e firmar as respectivas velas em seus vértices, ajoelhar-se no sul, acender as velas, saudar a Divina Mãe Nanã e clamar:

"Consagro este losango de força à Divina Mãe Nanã da Fé! Saluba Nanã!
Amada Mãe Nanã da Fé! Peço que sua luz e suas irradiações me envolvam completamente, decantando e recolhendo toda energia, espíritos e atuações negativas que estejam me desequilibrando no sentido da Fé e da Religiosidade, descarregando e diluindo todos os meus campos energéticos e espirituais, bem como os campos energéticos e espirituais do meu lar e dos meus familiares. Que suas irradiações divinas aquático-telúricas cristalinas se instalem em mim, fortalecendo e iluminando todos os sentidos da minha vida. Amém!

Saluba Nanã! Sua bênção, Divina Mãe!"

Realizada a oração, permanecer ajoelhado(a), com a cabeça encostada no solo, por aproximadamente cinco minutos, para que a Mãe Nanã da Fé proceda à limpeza energética e espiritual e crie um campo protetor ao seu redor. Em seguida, levantar, saudar a Orixá, agradecer e pedir licença para se retirar. Após a queima de todas as velas, os restos poderão ser descartados.

Segundo Losango Sagrado – Mãe Nanã do Amor

Velas: 1 – Branca (N)   2 – Lilás (S)   3 – Rosa (L)   4 – Azul-turquesa (O)

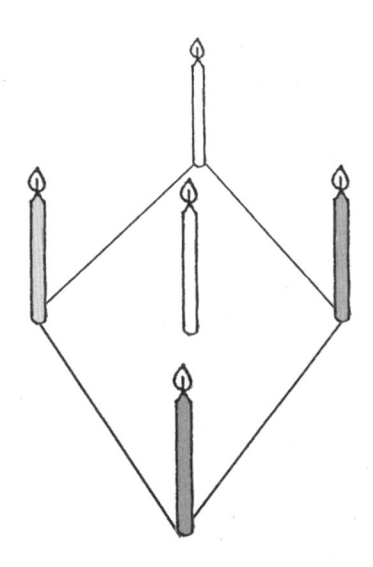

Após elaborar o losango de força e firmar as respectivas velas em seus vértices, ajoelhar-se no sul, acender as velas, saudar a Divina Mãe Nanã e clamar:

Consagro este losango de força à Divina Mãe Nanã do Amor! Saluba Nanã!

Amada Mãe Nanã do Amor! Peço que sua luz e suas irradiações me envolvam completamente, decantando e recolhendo toda energia, espíritos e atuações negativas que estejam me desequilibrando no sentido do Amor e da Concepção, descarregando e diluindo todos os meus campos energéticos e espirituais, bem como os campos energéticos e espirituais do meu lar e dos meus familiares. Que suas irradiações divinas aquático-telúricas minerais se instalem em mim, fortalecendo e iluminando todos os sentidos da minha vida. Amém!

Saluba Nanã! Sua bênção, Divina Mãe!"

Realizada a oração, permanecer ajoelhado(a), com a cabeça encostada no solo, por aproximadamente cinco minutos, para que a Mãe Nanã do Amor proceda à limpeza energética e espiritual e crie um campo protetor ao seu redor. Em seguida, levantar, saudar a Orixá, agradecer e pedir licença para se retirar. Após a queima de todas as velas, os restos poderão ser descartados.

Terceiro Losango Sagrado – Mãe Nanã do Conhecimento

Velas: 1 – Branca (N)   2 – Lilás (S)   3 – Verde (L)   4 – Marrom (O)

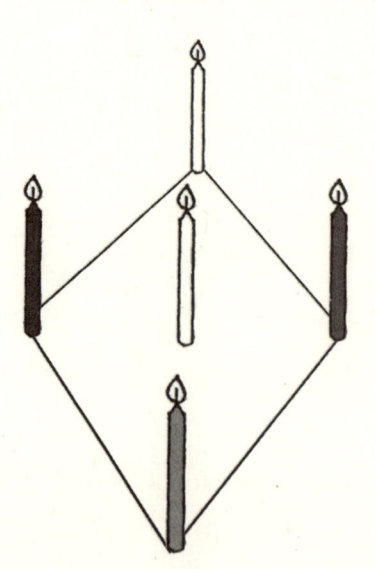

Após elaborar o losango de força e firmar as respectivas velas em seus vértices, ajoelhar-se no sul, acender as velas, saudar a Divina Mãe Nanã e clamar:

"Consagro este losango de força à Divina Mãe Nanã do Conhecimento! Saluba Nanã!

Amada Mãe Nanã do Conhecimento! Peço que sua luz e suas irradiações me envolvam completamente, decantando e recolhendo toda energia, espíritos e atuações negativas que estejam me desequilibrando no sentido do Conhecimento, descarregando e diluindo todos os meus campos energéticos e espirituais, bem como os campos energéticos e espirituais do meu lar e dos meus familiares. Que suas irradiações divinas aquático-telúricas vegetais se instalem em mim, fortalecendo e iluminando todos os sentidos da minha vida. Amém!

Saluba Nanã! Sua bênção, Divina Mãe!"

Realizada a oração, permanecer ajoelhado(a), com a cabeça encostada no solo, por aproximadamente cinco minutos, para que a Mãe Nanã do Conhecimento proceda à limpeza energética e espiritual e crie um campo protetor ao seu redor. Em seguida, levantar, saudar a Orixá, agradecer e pedir licença para se retirar. Após a queima de todas as velas, os restos poderão ser descartados.

Quarto Losango Sagrado – Mãe Nanã da Justiça

Velas: 1 – Branca (N)   2 – Lilás (S)   3 – Vermelha ou marrom (L)   4 – Laranja (O)

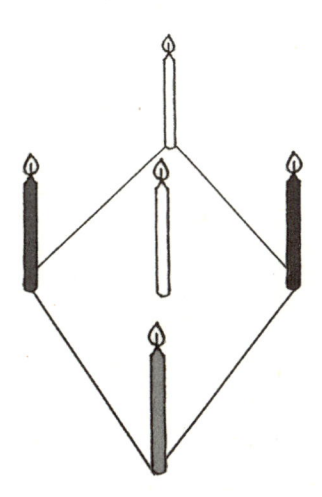

Após elaborar o losango de força e firmar as respectivas velas em seus vértices, ajoelhar-se no sul, acender as velas, saudar a Divina Mãe Nanã e clamar:

"Consagro este losango de força à Divina Mãe Nanã da Justiça! Saluba Nanã!

Amada Mãe Nanã da Justiça! Peço que sua luz e suas irradiações me envolvam completamente, decantando e recolhendo toda energia, espíritos e atuações negativas que estejam me desequilibrando no sentido da Justiça, descarregando e purificando todos os meus campos energéticos e espirituais, bem como os campos energéticos e espirituais do meu lar e dos meus familiares. Que suas irradiações divinas aquático-telúricas ígneas se instalem em mim, fortalecendo e iluminando todos os sentidos da minha vida. Amém!

Saluba Nanã! Sua bênção, Divina Mãe!"

Realizada a oração, permanecer ajoelhado(a), com a cabeça encostada no solo, por aproximadamente cinco minutos, para que a Mãe Nanã da Justiça proceda à limpeza energética e espiritual e crie um campo protetor ao seu redor. Em seguida, levantar, saudar a Orixá, agradecer e pedir licença para se retirar. Após a queima de todas as velas, os restos poderão ser descartados.

Quinto Losango Sagrado – Mãe Nanã da Lei

Velas: 1 – Branca (N)   2 – Lilás (S)   3 – Azulão (L)   4 – Amarela (O)

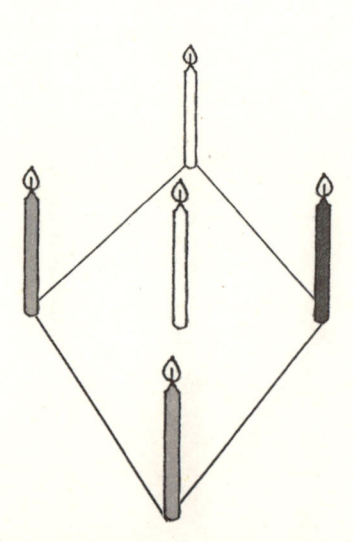

Após elaborar o losango de força e firmar as respectivas velas em seus vértices, ajoelhar-se no sul, acender as velas, saudar a Divina Mãe Nanã e clamar:

"Consagro este losango de força à Divina Mãe Nanã da Lei! Saluba Nanã!

Amada Mãe Nanã da Lei! Peço que sua luz e suas irradiações me envolvam completamente, decantando e recolhendo toda energia, espíritos e atuações e magias negativas que estejam me desequilibrando e emocionalizando no sentido da Lei, descarregando e diluindo todos os meus campos energéticos e espirituais, bem como os campos energéticos e espirituais do meu lar e dos meus familiares. Que suas irradiações divinas aquático-telúricas eólicas se instalem em mim, fortalecendo e iluminando todos os sentidos da minha vida. Amém!
Saluba Nanã! Sua bênção, Divina Mãe!"

Realizada a oração, permanecer ajoelhado(a), com a cabeça encostada no solo, por aproximadamente cinco minutos, para que a Mãe Nanã da Lei proceda à limpeza energética e espiritual e crie um campo protetor ao seu redor. Em seguida, levantar, saudar a Orixá, agradecer e pedir licença para se retirar. Após a queima de todas as velas, os restos poderão ser descartados.

Sexto Losango Sagrado – Mãe Nanã da Evolução

Velas: 1 – Branca (N)   2 – Lilás (S)   3 – Branca (L)   4 – Lilás (O)

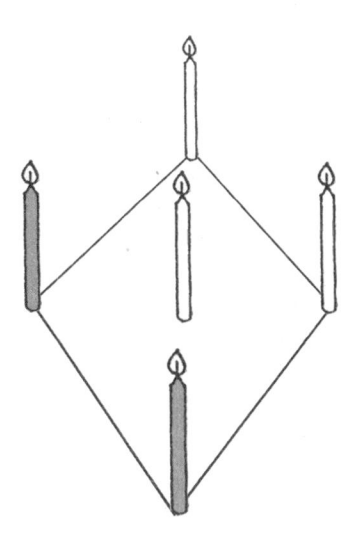

Após elaborar o losango de força e firmar as respectivas velas em seus vértices, ajoelhar-se no sul, acender as velas, saudar a Divina Mãe Nanã e clamar:

"Consagro este losango de força à Divina Mãe Nanã da Evolução! Saluba Nanã!

Amada Mãe Nanã da Evolução! Peço que sua luz e suas irradiações me envolvam completamente, decantando e recolhendo toda energia, espíritos e atuações negativas que estejam me desequilibrando no sentido da Evolução, descarregando e diluindo todos os meus campos energéticos e espirituais, bem como os campos energéticos e espirituais do meu lar e dos meus familiares. Que suas irradiações divinas aquático-telúricas se instalem em mim, fortalecendo e iluminando todos os sentidos da minha vida. Amém!

Saluba Nanã! Sua bênção, Divina Mãe!"

Realizada a oração, permanecer ajoelhado (a), com a cabeça encostada no solo, por aproximadamente cinco minutos, para que a Mãe Nanã da Evolução proceda à limpeza energética e espiritual e crie um campo protetor ao seu redor. Em seguida, levantar, saudar a Orixá, agradecer e pedir licença para se retirar. Após a queima de todas as velas, os restos poderão ser descartados.

Sétimo Losango Sagrado – Mãe Nanã da Geração

Velas: 1 – Branca (N)   2 – Lilás (S)   3 – Azul-clara (L)   4 – Roxa (O)

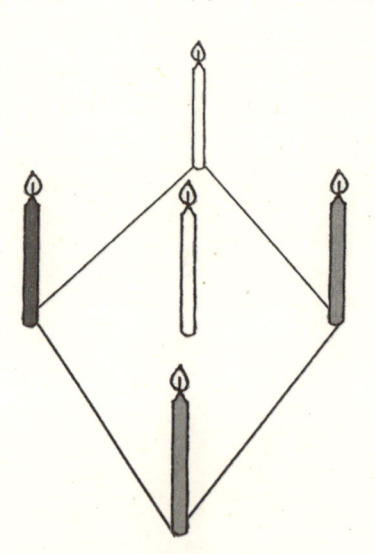

Após elaborar o losango de força e firmar as respectivas velas em seus vértices, ajoelhar-se no sul, acender as velas, saudar a Divina Mãe Nanã e clamar:

"Consagro este losango de força à Divina Mãe Nanã da Geração! Saluba Nanã!

Amada Mãe Nanã da Geração! Peço que sua luz e suas irradiações me envolvam completamente, decantando e recolhendo toda energia, espíritos e atuações negativas que estejam me desequilibrando no sentido da Geração, descarregando e diluindo todos os meus campos energéticos e espirituais, bem como os campos energéticos e espirituais do meu lar e dos meus familiares. Que suas irradiações divinas aquático-telúricas salinas se instalem em mim, fortalecendo e iluminando todos os sentidos da minha vida. Amém!

Saluba Nanã! Sua bênção, Divina Mãe!"

Realizada a oração, permanecer ajoelhado(a), com a cabeça encostada no solo, por aproximadamente cinco minutos, para que a Mãe Nanã da Geração proceda à limpeza energética e espiritual e crie um campo protetor ao seu redor. Em seguida, levantar, saudar a Orixá, agradecer e pedir licença para se retirar. Após a queima de todas as velas, os restos poderão ser descartados.

Capítulo 15

Nanã e os Guardiões da Lei

Os Sagrados Orixás são Tronos de Deus assentados nos polos positivos e negativos da natureza; são responsáveis pela sustentação e harmonia energo-magnética da criação e atuam constantemente no sentido de estimular com suas irradiações divinas a evolução em todos os sentidos dos seres. Porém, como nem todos conseguem manter-se em nível vibratório elevado, cabe aos Tronos Cósmicos, assentados nos polos negativos, atraírem os seres que caem nos sentidos da vida, regidos pelos Orixás Celestiais, assentados nos polos positivos.

Nesses Tronos Cósmicos são recolhidos todos aqueles que não evoluem, que estão paralisados ou os que regrediram espiritualmente, negativaram-se e ali permanecem, até que seus emocionais ou racionais desequilibrados sejam descarregados. São esgotados de seus negativismos e conscientizados, para poderem, no futuro, retornar ao caminho reto de suas evoluções.

Nanã Buruquê, Orixá cósmica e absorvente por excelência, a senhora da lama, água-terra, atrai para seus domínios espirituais, em seus pontos de forças na natureza (lago, lagoa, manguezais e pântanos), todos os seres densos (viciados). Lá, eles permanecem paralisados, até que reformulem todos os seus conceitos acerca das verdades divinas e da vida e tenham suas impurezas decantadas no sentido da evolução.

Caso a negativação emocional, racional e consciencial seja muito intensificada, esses seres caem para os domínios negativos e ficarão sob os cuidados dos Guardiões e Guardiãs assentados à esquerda e serão submetidos a um processo intenso de decantação. Ficarão estacionados no lodo, limbo, pântano, etc., que criaram para si mesmos e para seus semelhantes, até que se esgotem, depurem e transmutem os seus negativismos nos sentidos da evolução e da vida.

Exus Guardiões, acima de tudo, são os Guardiões dos domínios negativos dos pontos de forças da natureza, regidos pelos Sagrados

Orixás, que recorrem aos seus aspectos negativos (Exus, Pombagiras, Exus Mirins e Pombagiras Mirins) para que atuem no sentido de acelerar ou paralisar a evolução dos seres, agindo como transformadores da vida e do íntimo deles, ativando ou desativando o fator vitalizador e desvitalizador dos sentidos, quando os seres afrontam os princípios da Lei Maior. Esses Guardiões e Guardiãs guardam os Mistérios e os domínios negativos e sustentam as linhas de trabalhos que se manifestam nas Tendas de Umbanda, os senhores Exus e Pombagiras de Lei.

Todos os Orixás, independentemente de serem celestiais ou cósmicos, possuem qualidades, atributos e atribuições de aspectos positivos e negativos. Na Umbanda, quem aplica, executa, ativa ou desativa os aspectos negativos das divindades da natureza são os Exus, as Pombagiras e os Mirins, sempre de acordo com a determinação da Lei Maior.

A Divina Mãe Nanã Buruquê possui, em seus aspectos negativos, Exus e Pombagiras, que estão assentados à sua esquerda, nos domínios negativos dos pontos de forças na natureza, regidos por ela, ou seja, os fundos dos lagos, das lagoas, mangues, poços, lodo, pântano, etc. Nanã os ativa sempre que é preciso esgotar algum ser que esteja prejudicando e impedindo tanto a evolução de muitas pessoas, quanto a sua.

A Umbanda é simbólica e está assentada em hierarquias de trabalho e ação, cujos nomes simbólicos dos Guias Espirituais da direita e da esquerda estão relacionados com o Mistério Divino do Orixá que os rege. Geralmente estão associados aos fatores e aos elementos da natureza, como, por exemplo, Exu do Lodo, Exu dos Pântanos, Exu Sete Lagoas, Exu do Lago, Exu do Poço, Pombagira do Limbo, Pombagira Sete Lagoas, Pombagira Rosa do Lodo, Pombagira do Mangue, etc., que são alguns Guardiões e Guardiãs assentados nos domínios negativos regidos por nossa amada Mãe Nanã Buruquê.

Vamos comentar uma das linhas de ação e reação, cujos Guias Espirituais muito se manifestam na Umbanda, incorporados em seus médiuns em dias de trabalhos espirituais: os senhores Exus do Lodo.

O SENHOR EXU DO LODO

Os Senhores Exus Guardiões são os Tronos Negativos, assentados nos pontos de forças na natureza regidos pelos Sagrados Orixás. O Senhor Exu Guardião do Lodo possui seu Trono Cósmico assentado nos domínios negativos do ponto de força na natureza, regido pela Orixá Intermediária, a Divina Mãe Nanã do Lodo.

Em seu Trono Cósmico, esse senhor Exu Guardião recolhe milhares de espíritos caídos no sentido da Evolução e da Vida, resgatados das Trevas, os quais após serem esgotados de seus negativismos e conscientizados, são direcionados a atuarem nas linhas de ação, reação e trabalhos na Umbanda, a partir da esquerda dos médiuns, como Exus iniciantes e depois com o grau de Exus de Lei do Lodo.

Todo Exu do Lodo é da regência de Nanã Buruquê e atua cosmicamente, tanto nos elementos água-terra (lama decantadora ou lodo de Nanã) como no elemento terra (fator paralisador de Omulu). O termo "Lodo" significa depósito terroso com misturas de matéria orgânica em decomposição (Omolu), que se forma no fundo das águas dos lagos, rios, mangues e lagoas (Nanã).

A relação que muitos escritores e sacerdotes umbandistas fizeram ao associar a linha de trabalho dos Exus do Lodo como sendo de Mãe Iemanjá é, de certa forma correta, porque no fundo do mar também se formam "bacias de lodo". Por isso nada impede esses Exus de se assentarem à esquerda do Mistério da Geração (Iemanjá), horizontalmente, já que, na irradiação vertical, são "sustentados" só por Nanã Buruquê.

Encontramos o "Mistério Exu" atuando nas sete irradiações divinas, e o Mistério Exu do Lodo assentado em todas elas. Então, temos:

No Mistério da Fé (Oxalá e Logunan) – Exu do Lodo atua como vitalizador ou desvitalizador da evolução, no sentido da Fé e da Religiosidade na vida do ser. Se vitalizar, o ser terá uma expansão transmutadora no sentido da Fé e da Religiosidade, que lhe abrirá novos horizontes em sua evolução Religiosa. Se desvitalizar, o ser será decantado e paralisado em sua evolução e "esvaziado", pois se desvirtuou e "ceifou" (matou) o sentido da Fé e da Religiosidade na vida e na evolução de seus semelhantes.

No Mistério do Amor (Oxum e Oxumaré) – Exu do Lodo atua como vitalizador ou desvitalizador da evolução, no sentido do Amor e da Concepção (sexualidade) na vida dos seres. Se vitalizar, o magnetismo mental e consciencial do ser será renovado e suas faculdades conceptivas positivadas, permitindo "atrair" novas oportunidades e ligações que o beneficiarão e acelerarão sua evolução. Se desvitalizar, o ser será decantado e paralisado de seus desejos desequilibrados e da sua sexualidade desvirtuada, sendo esgotado energética e emocionalmente na "dor" até que seja depurada toda sua perversão.

No Mistério do Conhecimento (Oxóssi e Obá) – Exu do Lodo atua como vitalizador ou desvitalizador da evolução no sentido do Conhecimento na vida dos seres. Se vitalizar, o ser terá suas faculdades de raciocínio e percepção potencializadas. Se desvitalizar, a capacidade de raciocinar será paralisada ou se tornará dúbia e seu emocional será intensamente descarregado, até que todo o conhecimento viciado e desvirtuado seja esgotado.

No Mistério da Justiça (Xangô e Oroiná) – Exu do Lodo atua como vitalizador ou desvitalizador da evolução, no sentido da Justiça na vida dos seres. Se vitalizar, o ser terá seu magnetismo mental e consciencial equilibrado e energizado, permitindo-lhe um apurado senso de razão que acelerará sua evolução em vários sentidos da vida. Se desvitalizar, o ser terá seu racional paralisado e seu emocional intensamente purificado e descarregado, até que todos os seus desequilíbrios e vícios se esgotem e, assim, não mais desequilibrará a evolução de seus semelhantes.

No Mistério da Lei (Ogum e Iansã) – Exu do Lodo atua como vitalizador ou desvitalizador da evolução no sentido da Lei na vida dos seres. Se vitalizar, o ser terá seu magnetismo mental potencializado e sua evolução ordenada, possibilitando um direcionamento positivo em vários sentidos da vida. Se desvitalizar, o ser terá seu magnetismo emocional, mental e consciencial alterado, até que tenha sido esgotado de seu negativismo e tenha descarregado todo o seu emocional desvirtuado e viciado, que levou desordem à evolução de seus semelhantes.

No Mistério da Evolução (Obaluaiê e Nanã) – Exu do Lodo atua como vitalizador ou desvitalizador no sentido da Evolução na vida dos seres. Se vitalizar, o ser terá seu magnetismo mental e consciencial "amadurecido", o que lhe possibilitará conduzir-se com racionalidade e sabedoria, tendo uma evolução estável em vários sentidos. Se desvitalizar, o ser terá seu magnetismo mental e emocional paralisado e sua consciência entorpecida, até que decante e esgote todo seu sentimento negativo e seu racional desequilibrado.

No Mistério da Geração (Iemanjá e Omolu) – Exu do Lodo atua como vitalizador ou desvitalizador da evolução no sentido da Geração na vida dos seres. Se vitalizar, o ser terá suas faculdades mentais e suas fontes geradoras de energias vitais magnetizadas, o que lhe possibilitará gerar positividades em vários sentidos que acelerarão sua evolução. Se desvitalizar, o ser será paralisado em sua evolução e seus princípios criativos serão "petrificados", pois ceifou a evolução na vida de seus semelhantes.

Na natureza, encontramos lodo nos fundos dos rios, das cachoeiras, dos poços, das minas, dos mangues, do mar, nas pedreiras, nas nascentes dos rios, nas covas, etc. Onde houver lodo, haverá um Exu dessa falange, atuando sob o comando do Orixá responsável por aquele ponto de força.

O Mistério Exu do Lodo está assentando e se manifesta nas sete irradiações divinas. Isso explica o fato de muitos médiuns, filhos de outros Orixás que não Mãe Nanã, trazerem Exus de Lei do Lodo, que se manifestam em dias de trabalho e atendimento nos Templos de Umbanda.

Em razão de suas energias aquático-telúricas negativas (densas), os Exus do Lodo incorporam em seus médiuns sentados no chão. Isso é necessário, é fundamento, para que aconteça o equilíbrio entre sua energia e o magnetismo terrestre e assim ele possa se fixar e estabelecer uma conexão equilibrada com seu médium e realizar o trabalho espiritual necessário, em benefício dos consulentes, médiuns e Templo.

Todos os Exus do Lodo atuam como vitalizadores ou desvitalizadores dos seres e, como agentes cármicos da Lei Maior no sentido da Evolução, tanto podem elevar como afundar uma pessoa na "lama", se a mesma afrontou os princípios do equilíbrio na criação e gerou para si e para seus semelhantes o lamaçal, por causa dos seus vícios, desequilíbrios e negatividades em sua jornada evolucionista.

No sentido da Evolução, os Exus do Lodo são agentes transmutadores dos sentimentos e decantadores dos negativismos dos seres, expurgando vibrações nocivas, transformando o que está negativo em positivo. Esses Exus atuam por meio dos fluidos vitais, da linfa e do sangue, e suas irradiações energéticas tanto purificam e limpam os seres, curando-os, como podem infectá-los, adoecendo-os.

Como exímios transmutadores de energias, os Exus do Lodo atuam com muita eficiência na linha da cura, sendo espíritos altamente capacitados em lidar com energias densas, provenientes de ambientes insalubres e deletérios. Desintegram verdadeiros lodaçais energéticos, formas-pensamento enfermiças, parasitas, larvas, vírus, bactérias e miasmas, que estão acoplados nos campos energéticos (auras) e são absorvidos pelos chacras dos consulentes. Essas energias nocivas são originadas de processos obsessivos, magias negativas ou pelo próprio desequilíbrio emocional, racional e consciencial do consulente.

Mediante determinação da Lei Maior que rege o Mistério Exu do Lodo, eles manipulam sua energia aquático-telúrica em benefício daqueles que os procuram e ativam as propriedades terapêuticas e absorventes de sua "lama cósmica", o lodo. Recolhem todos os resíduos tóxicos energéticos que enfraquecem o emocional e desenvolvem doenças no corpo físico das pessoas, regenerando o que estiver afetado. Sua "lama" desintegra o que tocar, por ser altamente corrosiva.

Os Exus de Lei que se manifestam na Umbanda, na atuação religiosa, trabalham sob leis rigorosíssimas e os Exus do Lodo, em seus atendimentos, recolhem as contaminações fluídicas e energias estagnadoras que estão paralisando e enfraquecendo a vida dos consulentes. No final de uma gira, transportam para seu domínio negativo tudo que foi resgatado, para que seja devidamente decantado e transmutado dentro da Lei Maior que rege o seu Mistério Cósmico.

Infelizmente, muitos são os "sacerdotes", médiuns desvirtuados e pessoas vingativas que buscam e se utilizam do Mistério Exu do Lodo com o intuito de prejudicar seus semelhantes, realizando magias negativas (negras), para afundar a vida do outro no lodo, na lama. A esses seres, que estão desafiando e afrontando Deus e Sua Lei Maior, só resta serem lançados na escuridão lamacenta e fétida dos domínios negativos do Lodo, onde ficarão imobilizados na lama limosa e pegajosa, servindo de alimento para as criaturas não humanas que ali habitam e sobrevivem de absorverem as energias vitais dos espíritos humanos que lá caem, até serem totalmente exauridos energeticamente. Embora doloroso para quem o experimenta, o objetivo dos domínios negativos é recolher, esgotar e amparar os seres desequilibrados emocional, racional e mentalmente, até que estejam aptos a retomarem as suas evoluções.

Todo Exu do Lodo está assentado à esquerda do Mistério Cósmico da Evolução e atua, preferencialmente, sobre o racional e os princípios criativos dos seres, vitalizando-os, se forem virtuosos, ou desvitalizando e paralisando-os, caso sejam desvirtuados. Quando atuam ativados pela Lei Maior, sua atuação cessa, assim que os seres reequilibram seu racional e transmutam seus sentimentos. Mas, quando atuam ativados por magias negativas, só deixarão de atuar se forem desativados magística ou religiosamente. [4]

A desativação religiosa ocorre quando um médium-sacerdote, em dia de trabalho espiritual, incorpora o Senhor Exu do Lodo e realiza descarregos, para anulação de sua atuação negativa.

A desativação magística é aquela em que a pessoa atuada vai até o seu ponto de forças (beira do lago ou cemitério) e realiza uma oferenda ritual, solicitando que o Senhor Exu do Lodo cesse sua atuação negativa.

---

4. Sugerimos o estudo do *Livro de Exu – O Mistério Relevado* (R. Saraceni – Madras Editora).

OFERENDA RITUAL AO SENHOR EXU DO LODO

Uma oferenda não é um instrumento de "barganha" com os Sagrados Orixás e com os Guias Espirituais de Lei, tanto da direita quanto da esquerda. Uma oferenda é um ato sagrado e de fé, no qual os elementos oferendados serão manipulados energeticamente e seus princípios mágicos, ativados em nosso próprio benefício.

No estado neutro, os elementos de uma oferenda não têm atividade, mas, quando realizados dentro de procedimentos religiosos (fundamentos) e devidamente programados, com clamores, pedidos, orações, etc., chegam ao poder invocado e retornam ao ofertante ou para quem foi pedida a ajuda, beneficiando-o, conforme suas necessidades e merecimentos. Instalam-se no corpo energético do ofertante e realizam ampla ação de limpeza, purificação, cura, reenergização e regeneração.

Uma oferenda a Exu deve seguir o mesmo procedimento religioso realizado para os Sagrados Orixás e Guias Espirituais da direita, obedecendo a um ritual magístico, procedendo de modo sagrado!

Procedimentos Básicos

Pelo menos nas 24 horas anteriores ao dia da oferenda, abstenha-se de bebida alcoólica, contato sexual e alimento animal (carne).

No dia reservado, antes de ir à natureza, tome um banho de folhas de pinhão roxo, açoita-cavalo, dandá, casca de alho e casca de cebola, do pescoço para baixo, e firme uma vela branca ao Anjo da Guarda.

O Senhor Exu do Lodo recebe sua oferenda, preferencialmente, na beira de um lago, lagoa ou no cemitério. Para essa ativação magística providencie duas garrafas de aguardente, um charuto, uma caixa de fósforos, sete moedas e sete velas pretas.

Se o ponto de força escolhido for à beira de um lago ou lagoa, proceda da seguinte maneira:

Ao chegar, ajoelhe-se e cruze o solo por três vezes, reverenciando e saudando a Divina Mãe Nanã. Peça licença a ela para ali permanecer e oferendar o Senhor Exu do Lodo.

- Faça uma oferenda simbólica para ela, com três velas em triângulo, sendo uma branca no vértice superior voltado para o lago e duas velas lilases nas outras pontas. Coloque um copo com água no centro do triângulo e acenda as velas.

• À esquerda do triângulo firmado para Nanã Buruquê, ajoelhe-se, pegue a garrafa de aguardente na mão esquerda, ofereça ao Senhor Exu do Lodo e, em círculos no sentido anti-horário, despeje todo o conteúdo da garrafa, formando um círculo de lama. Ao redor desse círculo, acenda as sete velas pretas.

Se o ponto de força escolhido for um cemitério, proceda da seguinte forma:

Chegando ao local, pare no portão, ajoelhe e, com a mão esquerda, batendo três vezes no chão, saúde os Guardiões e Guardiãs da Porteira e peça licença e proteção para entrar e ali trabalhar. Cruze o chão por três vezes com a mão direita e, mentalmente, peça licença para o Divino Omolu, para entrar no lado divino daquele santuário sagrado, o cemitério.

• Adentre e siga ao local que for intuído. Ao chegar, ajoelhe-se e cruze o solo por três vezes com a mão direita, reverenciando, saudando e pedindo licença para o divino Pai Omolu, para ali permanecer e oferendar o Senhor Exu do Lodo. Acenda em triângulo três velas, sendo uma branca no vértice superior, uma vermelha na ponta direita e uma preta na ponta esquerda do triângulo.

• Coloque um copo de água no centro do triângulo.

• À esquerda do triângulo firmado para o Pai Omolu, ajoelhe-se, pegue uma garrafa de aguardente na mão esquerda, ofereça ao Senhor Exu do Lodo e, em círculos no sentido anti-horário, despeje todo o conteúdo da garrafa, formando um círculo de lama. Ao redor desse círculo, acenda as sete velas pretas.

Com tudo devidamente pronto, ajoelhado diante do círculo de velas e lama, faça a seguinte evocação:

Evocação ao Mistério Exu do Lodo

"Eu vos evoco, saúdo e reverencio, Senhor Guardião do Lodo, Mistério que lida com os aspectos negativos da Evolução e da Vida, e solicito que ativeis esse círculo mágico consagrado a vós, para que eu seja

auxiliado por vosso Mistério Cósmico, de acordo com minhas necessidades e merecimento.
Laroyê Exu! Laroyê a vossa força, Senhor Exu do Lodo!"
Depois de realizada a evocação, levante-se e, descalço, iniciando com o pé esquerdo, entre no círculo e faça a determinação a seguir.

Determinação ao Mistério Exu do Lodo

"Senhor Exu do Lodo! Saúdo o vosso poder e força respeitosamente e peço que os princípios energéticos dos elementos aqui firmados sejam devidamente ativados e manipulados em meu benefício espiritual, racional, emocional e físico. Laroyê!
Que a vossa energia aquático-telúrica cósmica me envolva completamente, absorvendo, limpando, depurando, decantando, descarregando e purificando os meus campos vibratórios, energéticos, espirituais e emocionais de toda magia negativa, de vibrações mentais e elementais, fontes vivas, miasmas, formas-pensamento deletérias, parasitas e seres negativos que estiverem agindo contra minhas forças espirituais e meu equilíbrio mental, contra meus familiares e nossa saúde física, energética e emocional. Que vossas irradiações paralisem toda atuação nociva que estiver indo contra os princípios da minha evolução em todos os sentidos da vida e que tudo seja recolhido e transmutado, de acordo com a Lei que rege o vosso Mistério.
Senhor Exu do Lodo! Peço-vos que interceda em meu caminho, equilibrando meu emocional, potencializando meu racional, para que eu consiga, assim, reconhecer em mim as causas que bloqueiam, dificultam e impossibilitam minha evolução e crescimento.
Que a partir deste momento, vossa força e proteção estejam positivadas, vitalizando todos os sentidos da minha vida, para que minha evolução espiritual e material se reinicie, sob vosso amparo.

- Bata sete vezes com o pé esquerdo e saia do círculo. Ajoelhe-se novamente diante dele, coloque, no meio do círculo, com a mão esquerda, a outra garrafa de aguardente e as sete moedas; acenda o charuto e deixe em cima da caixa de fósforos. Finalize com o agradecimento:

"Senhor Exu do Lodo! Agradeço humildemente por vossa intervenção em minha evolução e vida. Que a Divina Mãe Nanã Buruquê e o Divino Pai Omolu aumentem e iluminem cada vez mais a vossa força e poder. Laroyê Exu! Laroyê Senhor Exu do Lodo! Exu do Lodo é Mojubá!"

- Afaste-se, reverencie novamente, agradeça e retire-se do local.

Ao sair do cemitério, pare em frente ao portão, saúde os Guardiões da porteira e agradeça pela permissão e proteção.

Capítulo 16

Os Guias Espirituais na Irradiação de Mãe Nanã

As hierarquias espirituais fundamentam-se tanto nas hierarquias divinas quanto nas naturais e sem elas não haveria o trabalho mediúnico na Umbanda. São as chamadas Linhas de Caboclos, de Pretos-Velhos, de Baianos, de Boiadeiros e outras. Caboclo é grau, Pretos-Velho é grau, Exu é grau, e assim por diante.

Um Guia Espiritual é regido pelo mistério ou Trono Orixá Intermediário, que sustenta em si mesmo todos os Orixás Intermediadores e todas as linhas de ação e trabalho do ritual da Umbanda. Muitos dos Guias Espirituais da Umbanda já são portadores de atribuições e de muitos dos campos de ação dos Orixás Intermediários, mas não gostam de ostentar seus graus e continuam se apresentando como simples Caboclos, Pretos-Velhos e outros.

Todos os Guias de Trabalho umbandistas se organizam no astral em Linhas de Trabalho, Legiões e Falanges, sob a irradiação e regência dos Orixás, divindades de Olorum (Deus único). Esses são os principais fundamentos que sustentam a religião Umbanda: Olorum, o Divino Criador; os Sagrados Orixás; os espíritos desencarnados, que se manifestam como Guias Espirituais incorporados nos médiuns, sua ligação com os pontos de força da natureza e a comunicação com os encarnados.

Nessas Linhas de Ação e Trabalho da Umbanda, Guias Espirituais com formações em diferentes culturas, religiões, economias e sociedades estão reunidos por afinidades mentais, conscienciais e espirituais.

Cada nome coletivo dos Guias Espirituais é um mistério da Sagrada Umbanda! Todos os agrupamentos de Guias Espirituais sempre têm seus espíritos iniciadores. São os Hierarcas ou Cabeças de Falanges, espíritos que ganharam o plano superior, começaram a atrair outros espíritos afins e prepará-los para socorrer os encarnados; eles não incorporam, estão na 6ª e 7ª Esfera Positiva e são apenas Luz, pois não têm mais um corpo plasmado.

Na 4ª e 5ª Esfera Positiva, encontram-se espíritos com diferentes graus, que se integram às falanges e subfalanges e manifestam-se entre nós, no arquétipo que escolheram por afinidade, nas incorporações nos Templos de Umbanda. Esses Guias Espirituais que trabalham na Umbanda têm origens religiosas e culturais diversas e também diferentes graus de elevação ante as Leis do Criador, compondo uma hierarquia de profunda fraternidade e irmandade para com a criação divina.

Os Tronos são ocupados pelos Orixás Menores, que regem e sustentam os degraus, ocupados por hierarcas detentores de graus e portadores de mistérios ligados aos seus tronos regentes e que, por sua vez, sustentam os Guias Espirituais. Todos os espíritos ligados aos seus regentes ou hierarcas recebem deles, por osmose ou imanência, tudo o que precisam para manifestarem suas qualidades magnéticas, energéticas e magísticas. Esses regentes são chefes de linhas, senhores de domínios e guardiões de mistérios assentados junto aos Orixás que lhes dão amparo, proteção e orientação religiosa e magística, também por osmose ou imanência. Esse processo tem início no Divino Criador, desdobra-se de grau em grau vibratório até chegar aos consulentes dos Templos de Umbanda.

Os Guias de Lei são espíritos já assentados à direita ou à esquerda dos senhores Orixás e equivalem ao grau de Orixás Intermediadores. Os demais guias assentam-se à direita ou à esquerda de um Guia de Lei e incorporam usando o nome simbólico que o distingue e que individualiza a legião ou falange.

Os Guias Espirituais e todos os demais espíritos, desencarnados ou não, e nós, espíritos encarnados, estamos em processo evolutivo. É a ocorrência dessa oportunidade que mais distingue a Umbanda como religião, onde os espíritos poderão evoluir e ascender em suas Linhas de Ação e Trabalhos Espirituais.

Um Guia de Umbanda, para ampliar a abrangência de suas ações religiosas e mágicas e auxiliar ainda mais aqueles que necessitam, precisa iniciar-se e consagrar-se em outros mistérios, além daqueles que já domina. Mas isso só ocorrerá se ele estiver dando o uso correto e caritativo ao mistério no qual se iniciou. Isso faz parte do seu processo evolutivo, pois a evolução é um princípio com o qual Deus dotou tudo o que criou, do Universo aos espíritos, consciências em constante evolução.

Para trabalhar como Guia de Umbanda em uma Linha de Trabalho e Ação, o espírito precisa ter conquistado todos os atributos e qualidades relacionados a ela; só se habilitou a manifestar tal mistério com muito esforço, dedicação, perseverança, humildade, fé e resignação e precisa ter em suas atitudes as qualidades que o arquétipo implanta no coração e no imaginário das pessoas. Essa é a melhor maneira de se chegar ao interior dos consulentes e dos médiuns, nas personificações das qualidades humanas nas figuras dos Caboclos, dos Pretos-Velhos, dos Baianos, dos Marinheiros, dos Exus e outros.

Mãe Nanã, com sua condição decantadora, assumiu na Umbanda sua natureza sóbria e serena e amoldou linhas de trabalhos espirituais predominantemente com as Guias Espirituais Pretas-Velhas, mas há Guias sob sua regência em todas as linhas de trabalho, como os Caboclos Sete Lagos e as Pombagiras do Limbo. Também trabalham na irradiação de Mãe Nanã as Caboclas Juraci, Muraquitan, Inaira, Assucena, Juçanã, Janira, Jutira, Luana, Sumarajé, Paraguacu, Xista e os Caboclos Terra Roxa (Omolu e Nanã), Sete Lagoas (Oxalá e Nanã), Pedra Roxa e outros.

Todos os espíritos de uma falange adotam a aparência do arquétipo representativo dessa falange e assim se mostram aos videntes, pois nas linhas de ação e trabalho da Umbanda não há individualização de espíritos e, sim, coletivização. As identidades pessoais cedem lugar à hierarquia que os acolheu e lhes abriu um meio para se manifestarem. Cada entidade guia se reporta à sua falange, à egrégora que lhe dá identidade, apresentando, então, as formas características próprias dessa falange. Como exemplo, citamos as falanges dos Pretos-Velhos Joaquim de Angola, das Pretas-Velhas Mães Cambindas e outros.

É por essa razão que várias entidades podem se apresentar nos trabalhos, e até no mesmo terreiro, com o mesmo nome e aparência similar, pois "vestem" a aparência da falange e, por sintonia, vibração e estímulo mental, ligam-se à hierarquia, que, por sua vez, é amparada pelos Orixás que regem a respectiva falange e a Linha de Trabalho.

Os espíritos agregados a uma determinada falange assumem a aparência do hierarca, chefe ou cabeça de falange, guardião de um mistério mágico único, que atua mentalmente sobre todos, não incorpora, e do qual se servem todos os membros da hierarquia na realização de seus trabalhos espirituais e por ele são amparados. Essa é uma identificação despersonalizada de ego, com desprendimento, grandeza e humildade das entidades que, ao assumirem um grau, deixam de lado a sua identidade própria, para assumir a identidade sagrada coletiva da falange.

Para o trabalho na Umbanda não importa quem os espíritos foram em outras encarnações; se reis, rainhas, cientistas, sacerdotes, agricultores; nas falanges assumidas, são apenas nobres espíritos que se consagraram a Deus, para servi-Lo, e aos Sagrados Orixás, guiando e servindo seus semelhantes.

O aspecto visual aparente da entidade nos mostra que, em uma corrente de trabalhos espirituais, ou falange, todos, do mais ao menos evoluído, se apresentam com a mesma aparência, trejeitos, modo de falar e características similares. Eles possuem suas aparências individuais, mas, atuando espiritualmente, incorporados ou não, plasmam a vestimenta da falange.

Essa é uma identificação acima da identidade pessoal, individual, pois as entidades não usam seus nomes de batismo de quando estavam encarnados. As "armas simbólicas" pessoais e a luz própria irradiada por cada espírito, que se mostram conquistas individuais em seu processo evolutivo, são as únicas diferenças entre os membros de uma hierarquia.

PRETAS-VELHAS – A MANIFESTAÇÃO DA SABEDORIA E DO AMOR INCONDICIONAL NA UMBANDA SAGRADA

A Divina Mãe Nanã é tida como a mais velha das yabás, a Mãe dos Orixás, e simboliza a maturidade, a consciência e a razão. Na Umbanda, quem a manifesta nas linhas de trabalhos são as senhoras Pretas-Velhas. Elas são a própria manifestação das qualidades de Nanã, representam a ancestralidade e, com sabedoria, racionalidade, paciência, humildade, compreensão e amor, amparam, auxiliam, aconselham, curam e direcionam todos os filhos que buscam em seus colos e abraços o alento e a força, para superarem os momentos de indecisões, angústias e sofrimentos.

Assim como Nanã, as Pretas-Velhas simbolizam o princípio feminino, a matriarca de uma família, a avó amável, protetora e exigente, a ama de leite, a mulher idosa e sábia que sempre oferece um "remedinho" ou chá, para curar ou aliviar os males, a palavra de consolo, o conselho sensato e a paciência e benevolência com a imaturidade e imperfeição consciencial, espiritual e emocional dos filhos dos Sagrados Orixás.

Do Trono Feminino da Evolução, a divina Mãe Nanã sustenta magnética e energeticamente todas as hierarquias de espíritos humanos femininos integrados ao "Mistério Preta-Velha". E dessa hierarquia surgem as linhas (falanges) de trabalho que atuam nas irradiações de todos os outros Orixás que se manifestam na Umbanda, incorporadas em suas médiuns, em dias de trabalhos espirituais.

São inúmeras as falanges de espíritos integradas à Linha das Pretas-Velhas, formada pelas "anciãs". Em geral, são espíritos antigos, que possuem suas memórias ancestrais despertas, evoluidíssimos, detentores de grande sabedoria e conhecimentos adquiridos e vivenciados durante milênios, nas mais variadas religiões. São espíritos milenares e redentores, mais antigos do que a própria Umbanda, que possuem como qualidades mais marcantes a bondade, a humildade e a caridade.

Nas giras de caridade umbandistas, quando incorporadas, as Pretas-Velhas de Nanã dançam parecendo embalar um bebê, mas, segundo Norberto Peixoto, trazem o ibiri plasmado etericamente em seus braços e vão recolhendo espíritos sofredores.

A Umbanda é uma religião brasileira, com heranças de várias outras religiões, tais como a cristã, as indígenas, as africanas e as espíritas. Os povos africanos, tirados à força de sua terra natal para serem escravizados no Brasil, trouxeram sua religiosidade, o Culto Ancestral aos Sagrados Orixás, com suas nações: Congo, Angola, Nagô, Gêge e outras.

As linhas de trabalho atuantes na Umbanda foram fundamentadas em arquétipos, para facilitar a aceitação e o entendimento quanto às entidades espirituais que nelas se manifestam. A linha dos Pretos-Velhos e Pretas-Velhas é uma homenagem aos povos africanos que, mesmo diante de tanto sofrimento e humilhação, não renunciaram à fé pelas Divindades Ancestrais da Natureza, os Sagrados Orixás.

Nem todos os espíritos que se manifestam como Pretas-Velhas foram, necessariamente, escravos no Brasil colonial em sua última encarnação. Porém, como espíritos elevadíssimos e por benevolência, caridade e amor incondicional à humanidade, integraram-se ao "Mistério Ancião" e se assentaram à direita dos Sagrados Orixás, para atuarem no movimento umbandista que surgia e auxiliarem os seres em suas evoluções. Há, sim, antigas escravas que em sua última encarnação foram submetidas às atrocidades e torturas da escravidão, mas, considerando o processo reencarnatório, todas passaram por muitas outras vidas, nas quais podem ter sido grandes sacerdotisas em templos da antiguidade, cientistas, parteiras, agricultoras, nobres, médicas, etc. Todas são espíritos que têm como principal característica a maturidade consciencial e um profundo conhecimento do mundo espiritual e humano.

As Pretas-Velhas estão fundamentadas no arquétipo da sábia anciã, senhora benzedeira que, com seu galhinho de arruda, traz as bênçãos e afasta os males. Simbolizam a força e a resistência por meio da fé e são exemplo de quanto o poder do perdão eleva e ilumina o espírito, já que estão associadas aos fatos históricos da escravidão. Por detrás da aparência humilde, do linguajar simples, do "caminhadô" lento e pesado, está oculta a grandeza espiritual de espíritos milenares.

Nas hierarquias de trabalhos e ação no ritual de Umbanda, muitas Pretas-Velhas apresentam-se com nomes populares, como Marias, Catarinas, Franciscas, Anas, Ritas, Beneditas, Barbinas, Joanas e outros, acrescentando "sobrenome" de nações africanas (Congo, Moçambique, Angola, Guiné, Cambinda) ou a vibração do Orixá ou ponto de força da natureza (das Matas, da Calunga, do Cruzeiro, etc.). São nomes simbólicos que identificam e evidenciam as vibrações dos Orixás em que estão assentadas e os campos de trabalho onde atuam nas falanges, de acordo com suas atribuições e habilidades.

Por exemplo, as Pretas-Velhas, cujo codinome é "das Almas" ou "do Cruzeiro", tais como Vovó Francisca das Almas ou Vovó Cambinda do Cruzeiro, trabalham na regência do Orixá Obaluaiê. Vovó Maria da Calunga ou Vovó Rita do Cemitério trabalham na regência do Orixá Omolu. Vovó Catarina das Matas atua na regência do Orixá Oxóssi; Vovô Maria de Angola, na regência de Ogum; Vovó Benedita de Aruanda, na regência de Oxalá, etc.

Na Umbanda, há várias gradações e funções específicas em cada uma das suas infinitas hierarquias espirituais. Dos espíritos que nelas se integram, são exigidos muito estudo, dedicação, resignação e obediência às leis e disciplinas rigorosíssimas que as regem.

Nessas hierarquias, temos as Pretas-Velhas que trabalham nas atividades de desobsessão, doutrinando e encaminhando os obsessores que acompanham médiuns e consulentes. Há aquelas que são exímias trabalhadoras dedicadas à doutrinação dos espíritos, no momento de transição (morte). Há outras conhecidas como quimbandeiras, que são especialistas no combate às demandas, cortando e desmantelando trabalhos de magias negativas (negras) e afins. Há também as curandeiras, especializadas na medicina vibracional, na manipulação das ervas e suas aplicações, e, todas elas, trabalhando e se empenhando em ensinar o altruísmo aos filhos e filhas dos Orixás, visando despertar o amor ao próximo.

Isso tudo e muito mais são as senhoras Pretas-Velhas, que nos ensinam que fora da caridade não há salvação!

Salve as amadas Pretas-Velhas! Adorei as Almas!

O PODER HIGIENIZADOR DAS SEREIAS VELHAS

Os Povos das Águas englobam espíritos que trabalham auxiliando os desencarnados e encarnados, com o magnetismo, os mistérios e a manipulação das águas. Dentre eles estão as sereias.

As sereias são uma classe de seres naturais, com enorme capacidade de limpeza fluídica e poderes de higienização de ambientes. São espíritos da natureza que nunca encarnaram; essas entidades encantadas não são da dimensão humana, não dão passes nem ficam muito tempo incorporadas. São mensageiras naturais que trazem energias e vibrações magnéticas puras das realidades a que pertencem e atuam com facilidade no elemento aquático, irradiando suas energias fluídicas diretamente em nosso corpo elemental básico, limpando-nos e energizando.

Na Criação Divina existem muitas dimensões infinitas aquáticas, eólicas, telúricas, cristalinas, etc. e muitas formas de vida que também receberam de Deus tudo de que precisavam para se adaptar ao seu meio. Esses espíritos da natureza que chamamos de sereias são poderosos, pois têm a sustentação dos Orixás Femininos das águas, as forças primordiais da criação. As sereias não falam, mas trabalham emitindo cantos lamuriosos que são poderosos mantras aquáticos, capazes de diluir energias, vibrações e formas-pensamento acumuladas nos Templos e nos campos vibratórios dos médiuns e dos frequentadores.

Essa linha das sereias não surgiu logo no início da Umbanda, mas foi se apresentando nos terreiros no decorrer do tempo. Seu poder de descarga de energias negativas e de purificação é muito forte, potente e intenso.

Ligadas às águas profundas do mar, dos rios, das cachoeiras, dos lagos e águas calmas, as sereias são ótimas para limpezas de ambientes, das auras das pessoas e de regiões astrais poluídas por espíritos do mal. Costumam incorporar ao final de trabalhos, na força de Mãe Iemanjá, Mãe Oxum ou Mãe Nanã, ou quando são chamadas para descarrego ao final de determinadas giras. Com seus cantos e movimentos, trazem a energia geradora aquática para dentro dos terreiros e higienizam tudo.

Quando incorporadas, algumas sereias ficam de pé, movendo-se com passos de dança, como os Marinheiros; outras ficam sentadas de lado, movendo o tronco e os braços, movimentando as águas; algumas chegam deitadas e fazem movimentos como se estivessem nadando, indo da frente do congá para o fundo do terreiro. Segundo relato de videntes, as sereias mostram-se como seres metade humanas, metade peixes e essas sereias que "nadam" vão atordoando com seus cantos os espíritos negativos, que são recolhidos nas redes dos Guardiões. Manifestadas entre nós, as sereias nos envolvem intensamente com seu magnetismo, equilibrando e purificando nosso emocional, despertando a geração e a criatividade; isso acontece porque elas já têm os seus emocionais equilibrados, desenvolvidos e purificados.

Pai Rubens Saraceni nos diz que as sereias "verdadeiras" são seres naturais regidos por Mãe Iemanjá, que as Ondinas ou antigas sereias são mais velhas e regidas por Mãe Nanã Buruquê, e as Encantadas Elementais aquáticas são regidas por Mãe Oxum; todas podem incorporar tanto com cantos para Mãe Iemanjá, como para Mãe Oxum e Mãe Nanã.

Os pontos de força, portanto, são o mar, os rios, as cachoeiras, os lagos e as águas calmas. Os lagos e as águas calmas dos rios (meandros e deltas), os mangues e as profundezas do mar são os santuários naturais ou pontos de força regidos por nossa Mãe Nanã Buruquê, Orixá água--terra de forte magnetismo. Esses locais da natureza onde reina a calma absoluta têm um poderosíssimo campo magnético absorvente, tanto das irradiações negativas trazidas pelas correntes magnéticas ao redor da litosfera, quanto das forças negativas criadas pelas mentes humanas.

Esses pontos são como para-raios, que descarregam todas as irradiações captadas.

A ação negativa das águas estagnadas pode tirar o equilíbrio de uma pessoa de uma só vez, provocando desequilíbrios e doenças espirituais ao atuar por meio dos líquidos do corpo humano. Marinheiros Velhos e Sereias Velhas ou Ondinas, ligados à Nanã, atuam por atração magnética sobre os seres com evolução paralisada e emocional em desequilíbrio, descarregando e magnetizando seu campo vibratório, desfazendo os excessos e decantando negativismos e vícios.

As Linhas das Sereias e dos Marinheiros Velhos são ótimas para anular magias negativas, afastar obsessores e espíritos vingativos ou desequilibrados, harmonizar casais e famílias. As ondinas colaboram na manutenção de nossos corpos astrais, despertam e estimulam a natureza emotiva, realçam as intuições psíquicas, a premonição e imaginação criativa.

Ondinas das Lagoas

Mãe Lurdes de Campos Vieira

Ondinas das águas calmas, das lagoas de Nanã,
Tranquilizam nossas almas, com as luzes das manhãs.
bis
Ondinas do lago vêm, ondinas do lago vão,
No embalo dos seus cantos trazem luz, ponderação!
{Ondinas do lago vêm, ondinas do lago vão,
No balanço dos seu cantos trazem paz e proteção!
bis

Capítulo 17

Hereditariedade Divina de Mãe Nanã[5]

As energias e forças da natureza, ou Orixás, presentes em todas as dimensões do Universo, formam impressões nos corpos espirituais desde o momento em que somos criados. Nesse instante, eles vibram e demarcam, para a eternidade, suas polaridades em nós.
Rubens Saraceni

Já vivemos como espírito original no interior do nosso Criador e Dele trazemos armazenado em nosso mental, centro vital do espírito humano, um código genético energético, vibratório, colorido e magnético original e único. Se Deus é único, Sua criação também o é. Podemos ser parecidos com nossos irmãos, mas não somos iguais. A aparência humana do espírito é apenas um desdobramento dessa semente original. A diferença entre os seres divinos e os seres espirituais é que os primeiros são sempre o que são, não mudam, e os seres espirituais estão em contínua evolução e desenvolvimento de novos dons. Os seres divinos vivem no lado divino da criação e nós, no lado espiritual, separados por uma vibração.

A nossa hereditariedade divina é incrivelmente complexa, pois, além da fatoração original ancestral (origem do, hoje, espírito humano), ligada ao chacra coronal, temos uma sequência de Orixás secundários ao redor dele e isso se repete nos demais chacras, formando uma coroa em volta de cada um, regida por um Orixá e circundada pelos demais. Acrescente-se a isso nossa passagem por diferentes planos, incalculáveis reinos e domínios e pelo plano material. A cada reencarnação, em geral, temos novos Orixás de Frente (regente da encarnação) e Orixás Adjuntós, além de vários outros mistérios, mas o Ancestre nunca muda.

---

5. Com base no livro *O Poder terapêutico dos Orixás e a Filiação Divina* – Lurdes de Campos Vieira e Alberto Marsicano – Madras Editora.

O ORIXÁ ESSENCIAL OU ANCESTRAL

O Orixá Ancestral é aquela divindade que nos atraiu pelo seu magnetismo divino, quando Deus nos gerou, e nos recepcionou, imantou e distinguiu com sua qualidade divina. Cada Orixá Ancestral magnetiza seus filhos com sua qualidade predominante, fatorando-os de forma marcante e essa irradiação jamais cessa. O Orixá recessivo que o secunda só participa de forma apassivadora de sua natureza primordial.

O Código Genético Divino do ser é formado por uma cadeia de fatores, recebidos em sua origem, que, tal qual o código genético humano, não é igual a nenhum outro. *"O genoma divino de uma mesma espécie de seres é o mesmo para todos, mas a distribuição dos fatores obedece à individualidade do ser, tal como os genes no genoma humano."* (R. Saraceni – *Livro das Energias e da Criação* – Madras Editora).

Desde sua geração, o ser tem as qualidades divinas em si, ainda adormecidas, em estado potencial, só precisando que criem as condições ideais para que se desdobrem e aflorem por meio dos seus sentidos. Recebe o magnetismo de um dos Orixás, que o distingue com sua qualidade, sua natureza íntima, imutável e eterna. Esse será o seu Orixá Ancestral e o ser passa a evoluir por meio de um dos elementos, nos diferentes planos divinos. O fator que o marcou em sua origem irá definir sua herança genética divina e formará a sua natureza individual, a característica marcante de sua personalidade, a sua essência. Se recebe o magnetismo de Nanã, evoluirá nos elementos água-terra e sua natureza será flexível, absorvente, madura, transmutável e persistente, dentre outras qualidades.

O Ancestral não dá o sexo do ser, mas define a sua natureza masculina ou feminina. Na ancestralidade, todo Orixá feminino só fatora seres de natureza feminina e todo Orixá masculino só fatora seres de natureza masculina. O ser original gestado, maturado e imantado, por exemplo, pela Matriz Geradora do Mistério Nanã, que o acolheu em seu "berçário divino", jamais deixará de receber sua influência decantadora, pois aí obteve seu símbolo mental imutável e eterno. Em seu processo evolutivo o ser receberá influências de outros Orixás, que acrescentarão a ele novas funções ou qualidades, mas sempre conservará em seu íntimo sua originalidade, sua natureza marcante decantadora.

Conhecer sua essência, seu Ancestral, e seus Orixás de Frente e Adjuntó é importante para que o ser saiba o que precisa desobstruir e o que precisa desenvolver na encarnação, vivenciando as virtudes do Orixá.

É possível visualizarmos diferenciadores que permitem a classificação dos Orixás e de seus filhos, mas, destacamos que, por serem parâmetros humanos, a classificação é sempre limitada.

OS ORIXÁS NATURAIS

São Naturais, pois atuam tanto sobre a Natureza Física, como sobre a Natureza Energética e a Natureza Íntima dos seres, que é a sua consciência individualizada. Essa consciência pouco a pouco o vai distinguindo entre os seus semelhantes. Despertar nos seres a consciência de si mesmos e do Universo onde vivem e evoluem é uma das atribuições dos Orixás Naturais, que atuam mental, energética e consciencialmente.

Todos os filhos de um determinado Orixá Natural são sustentados pelo mesmo Orixá e cada um tem seu Orixá Individual, que se diferencia dos outros. Como divindade, o Orixá Natural rege tudo e não é pessoal, é o mesmo para todos os filhos; porém, como divindades pessoais, os Orixás são individuais e se diferenciam uns dos outros nos seus elementos (água, fogo, ar, etc.).

Nanã, mesmo sendo em si a qualidade decantadora de Deus, traz nela mesma suas outras qualidades divinas e, ao manifestá-las, gera uma infinidade de hierarquias divinas, naturais e espirituais, todas classificadas pelas qualidades divinas contidas na qualidade decantadora de Nanã, que só nela é uma qualidade original.

As Divindades Naturais têm para si uma classe de seres divinos, denominados encantados, que mantêm o seu mistério, aplicam os seus poderes na vida dos seres que aí evoluem e formam sua complexa hierarquia, em um número incalculável de Reinos e Domínios. Todos os encantados naturais trazem em si os encantos da divindade regente e são amparados por uma "consciência coletiva".

O Orixá Ancestral nos rege; porém, na encarnação, somos guiados pelo Orixá Natural, por meio de um de seus Orixás naturais de níveis intermediários. Eles enviam aos médiuns seus Orixás Naturais individualizados ou Orixás Encantados, que são seres capazes de manifestar todas as qualidades do Orixá que o rege. São eles que incorporam nas giras de Umbanda, quando cantamos para os Orixás. Quando o médium regido por Nanã se desenvolve, recebe uma encantada natural Nanã, que poderá se manifestar em determinadas ocasiões, como sua Orixá Nanã pessoal.

O TRIÂNGULO DE FORÇA

A cada encarnação temos um Triângulo de Força, onde estão assentados o Orixá Ancestral, o Orixá de Frente e o Orixá Adjuntó. Esse triângulo de força rege a vida de todos, médiuns ou não, pois isso é comum a todos os seres humanos. Quando o filho adentra o ciclo reencarnacionista, há um adormecimento mental e o enfraquecimento de seu magnetismo mental de ligação com o ancestral. Isso ocorre para que ele possa ser atraído e irradiado pelos magnetismos dos outros Orixás e desenvolva novas faculdades, sentidos, dons e padrões magnéticos.

O Ancestral rege o Alto, o de Frente rege a Direita e o Adjuntó rege a Esquerda. O Alto é a imanência Divina, a Direita é a Onipotência e a Esquerda é a Onipresença. Do Alto, Ele nos chega imperceptível; da Direita, Ele nos chega como um poder; da Esquerda, através da força.

A posição ocupada pelos Orixás na coroa de um médium (do primeiro plano da vida até o sétimo, do Orixá Ancestral até os Orixás Naturais) cria uma estrutura de poder, uma distribuição que varia de uma pessoa para outra. O Triângulo de Forças e poderes do médium, formado pelo Orixá Ancestral, o Orixá de Frente e o Orixá Adjuntó é o que ele precisa conhecer melhor. A distribuição dos outros Orixás no restante da estrutura (em cruz, em pentagrama, em hexagrama, em heptagrama e em octagrama) não precisa ser conhecida pelo médium, além do fato de que nem sempre as leituras são corretas. Basta a ele, de tempos em tempos, ir à natureza e fazer uma oferenda de afirmação de forças e poderes para um Orixá, firmando, a longo prazo, todos eles, para que tenha força e firmeza nos trabalhos espirituais.

FILHAS ANCESTRES DE MÃE NANÃ

Mãe Nanã é a divindade feminina gerada por Olorum em Sua onda evolutiva, regente da maturidade, atuando no emocional e no racional dos seres. Seu fator gera decantação, sapiência, flexibilidade, maturidade, transmutabilidade, racionalismo e persistência. Ela é a regente dessa irradiação magnética bipolar aquático-telúrica, é maleabilidade e decantação;

ela desfaz o que está petrificado, paralisado, dando maleabilidade e decantando tudo e todos dos seus vícios, desequilíbrios ou negativismos.

A Mãe Evolutiva atua no polo negativo da Linha da Evolução, onde é absorvente, passiva no elemento terra e ativa no elemento água. No elemento terra ela paralisa e absorve e no elemento água ela dá maleabilidade. Por isso é regente da terra em contato com a água – a lama, o lodo, o pântano.

Nanã é cósmica, dual e atua sobre os seres por atração magnética, desfazendo os excessos e decantando ou enterrando os vícios. Ela oculta muitos mistérios em sua profundeza. A calma e o silêncio são próprios do modo de ser de Mãe Nanã. Ela é representada como a Grande Avó, calma, misericordiosa, madura, sábia e simples. A maleabilidade, a decantação, o silêncio e a calma absoluta são encontrados em nossa Mãe Nanã. Por isso, ela é associada à velhice, quando o ser começa a se esquecer do que vivenciou na carne. Ela adormece os conhecimentos do espírito, paralisa a sexualidade e a geração de filhos. Cada Orixá rege uma etapa da vida dos seres. Mãe Nanã faz esquecer, preparando para uma nova vida.

As filhas ancestrais de Nanã, sempre femininas, têm como personalidade ancestral básica ou natureza íntima marcante a introversão e a calma, com a energia concentrada em seu mundo interno de ideias e pensamentos. Costumam ser bondosas, tenazes, decididas, sábias, benevolentes, maduras, simpáticas e sempre agem com gentileza, dignidade e respeitabilidade. Quando se diz a alguém: "você é filha ancestral de Nanã", significa que esse ser é regido pelos elementos água-terra, que seu Orixá Ancestre é Nanã, cujo sentimento é decantador, e sua estrela mental é a seguinte:

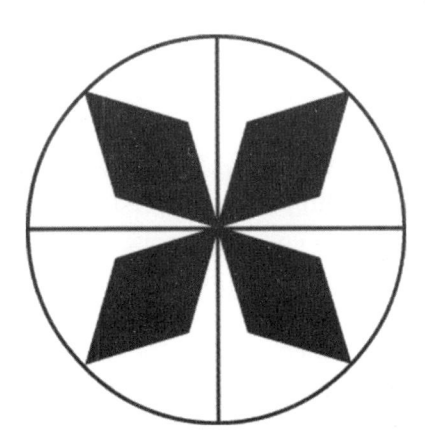

Filhas ancestres de Mãe Nanã comportam-se no dia a dia com lentidão para realizar seus afazeres, atuando como se um dia fosse uma eternidade e que haverá tempo para tudo. Descontraídas, não são muito alegres, mas sua alegria, quando acontece, é espontânea. São calmas, cordiais, emotivas, orientadoras, religiosas, conselheiras e simpáticas. Suas reações são equilibradas e com grande capacidade de perdoar, principalmente aqueles que amam. Agem com segurança e majestade e sempre se mantêm nos caminhos da sabedoria e da justiça, por suas reações sábias e pela pertinência de suas decisões. Porém, seu temperamento é severo, implacável e austero.

Se uma pessoa é filha ancestre de Nanã e na encarnação tem Nanã de frente, é porque está precisando potencializar e reafirmar as qualidades dessa Mãe, que provavelmente negativou em outras vidas.

Mesmo que um ser espiritual reencarne mil vezes, e sob as mais diversas irradiações, sua natureza íntima, recebida do Ancestre, nunca mudará. Já as características físicas da encarnação estão relacionadas à hereditariedade material e, mais nitidamente, ao Orixá de Frente e ao Adjunto.

FILHAS E FILHOS DE NANÃ, EM GERAL

Orixá de Frente e Adjuntó

Nas diferentes encarnações, transpomos de uma natureza a outra, pois ocorre a troca do Orixá regente da encarnação. Porém, a cada nova encarnação esse ser será regido pelo Orixá de Frente, que o guiará em sua vida na carne e do qual absorverá e desenvolverá algumas das faculdades regidas por ele.

O Orixá de Frente ou da encarnação atua no chacra frontal, em sua parte da frente, e o Orixá Juntó atua no mesmo chacra, em sua parte de trás. Esse Orixá, regente da encarnação, atua com a finalidade de abrir as faculdades mentais do ser, atraindo-o para o seu campo vibratório, amparando-o no despertar de uma consciência afim com suas necessidades ou deficiências conscienciais. Também, essas divindades que nos amparam na encarnação criam em nós condições para a transmutação dos nossos sentidos, transpondo nossas tendências negativas para positivas. Os Orixás de Frente atuam para abrir as faculdades mentais de seus filhos e ajudar nas suas evoluções.

O termo "Orixá de Cabeça" costuma ser usado para designar o Orixá de Frente porque na encarnação do ser esse Orixá está de frente para ele, regendo sua encarnação, atraindo-o para o seu campo de ação e para o seu mistério, e influenciando-o o tempo todo. Ele o conduz a uma direção, na qual o ser absorverá sua qualidade e a incorporará às suas faculdades, abrindo-lhe novos campos de atuação e crescimento interior. Mas seu Pai ou Mãe Ancestral sempre o acompanhará mais de perto. Para que não se criem confusões, o ideal é sempre nos referirmos ao Orixá Ancestral como o regente do ori (coroa) e aos Orixás da encarnação como Orixá de Frente e Orixá Adjuntó, adjunto ou juntó.

Aqueles que têm Mãe Nanã como seu Orixá de Frente têm a intuição como função psíquica dominante em sua estrutura psicológica. Isso faz com que os filhos e filhas de Nanã reajam ao mundo intuitivamente, por meio dos sentidos, podendo se perturbar diante da realidade dos fatos. Suas decisões baseiam-se mais em palpites do que em conclusões lógicas. Como são seres introvertidos, filhos de Nanã dirigem-se mais para os seus interiores. Valorizam a segurança e a gentileza e, quando querem, são bons, sábios, carinhosos e perdoam com facilidade.

O sentimento e o julgamento fazem das filhas e filhos de Nanã pessoas sensíveis aos sentimentos das pessoas, preocupando-se muito com elas e valorizando-as, quando necessário. Costumam ser procurados para conselhos sérios, mas controlam seus impulsos e emoções.

As funções reprimidas nos filhos e filhas de Nanã são a percepção e a sensação. Os filhos de Nanã têm pouca noção, por exemplo, sobre o seu corpo e o do(a) parceiro(a), o que pode dificultar seu desempenho sexual. Dizem alguns que Nanã exige de seus filhos a mesma relação austera que ela mantém com o mundo.

Os filhos e filhas de Mãe Nanã são muito simpáticos, calmos, mas fechados; velhos antes do tempo, emburrados e taciturnos. As filhas podem personificar um tipo de mulher sem beleza, sem vaidade e sem idade definida. São de alegria espontânea e algumas podem até parecer sem muitos atrativos e desprovidas de sexualidade. Gostam de vestir-se bem, são intransigentes e acham que têm tempo para tudo. Detestam roupas espalhafatosas e exibicionismos. As filhas são, em geral, de estatura média, seios fartos, tendendo à obesidade; muitas são naturalmente gordas. Têm grande resistência física, apesar da aparência.

No exercício de suas atividades e afazeres, os filhos e filhas de Nanã, na tomada de decisões, preocupações e resolução de problemas são lentos e agem como se cada dia durasse uma eternidade. As decisões são sempre pertinentes e adiadas, pois gostam de agir com segurança, equilíbrio, sabedoria e justiça. Porém, apesar de calmos, às vezes podem tornar-se agressivos e guerreiros.

Esses filhos e filhas não são muito bem-humorados, são lentos e, de vez em quando, chegados aos dramalhões. A excelente memória intuitiva e sentimental para coisas que são importantes para eles faz com que os filhos de Nanã armazenem uma tremenda compilação de informações, lembrando detalhes e situações marcantes. Assimilam as informações pelo pensamento derivado da elaboração de julgamentos e decisões subjetivos e maduros.

Na socialização, os filhos de Nanã valorizam a harmonia e a cooperação entre as pessoas, tendo consideração e preocupação com elas; respeitam as tradições e as leis, são tolerantes, firmes, bondosos e simpáticos. Têm grande capacidade de perdoar, principalmente as pessoas que amam, embora possam ser implacáveis diante de certas situações.

As filhas de Nanã são muito afeiçoadas às crianças, tratando-as e educando-as com indulgência, ternura e mansidão excessivas, tal como o fazem as avós. São muito apegadas aos filhos e superprotetoras.

Esses filhos e filhas apreciam a boa mesa, reuniões religiosas e familiares, pessoas que lhes dediquem respeito e afeto. Não apreciam festas e reuniões agitadas, pessoas egoístas, mesquinhas, geniosas, preguiçosas e exibicionistas e desperdício. São pessoas que agem com calma, dignidade, gentileza e segurança, guardando sempre um impressionante senso de justiça.

Filhos e filhas de Nanã dedicam-se com exclusividade e sem reservas aos seus amigos e parentes e criam barreiras para que eles não façam novas amizades, pois são exclusivistas, com tendência ao egoísmo e possessividade. Gostam de saber tudo da vida dos que os cercam, mesmo que eles não lhes queiram contar nada.

No campo afetivo, embora de sexualidade pouco ativa, sua possessividade não permite que o(a) parceiro(a) saia só. Quando casados(as), respeitam demais o parceiro e tornam a união eterna. Às vezes, dedicam a vida à vocação, ao trabalho e à ambição social, pois temem amar e serem abandonados(as). Não perdoam desonestidades, mentiras e traições.

A estrutura de pensamento aquático-telúrica faz dos filhos e filhas de Nanã pessoas muito trabalhadoras, pacientes, devotadas, responsáveis, práticas, organizadas, extremamente limpas e cuidadosas. Possuem uma capacidade de trabalho e uma eficiência fora do comum; trabalham com afinco e vibram quando desempenham a maior parte das tarefas sozinhas, motivo para sentirem-se indispensáveis e terem muito o que falar. São ótimas para organizar pessoas, recursos, cumprir prazos e em serviços já testados e aprovados, repetitivos e que requerem paciência. Calorosas, responsáveis e generosas, são pessoas confiáveis e capazes de manter as coisas funcionando corretamente.

Filhos de Nanã têm boa noção de espaço e de estética, podendo sair-se bem na decoração de interiores. São, também, firmes e excelentes educadores; educam com competência, amor e firmeza. Vivem em um mundo concreto e gentil, mas são ligados ao passado. Parcimoniosos, sensatos e pacientes, adiam decisões e guardam rancores por muito tempo; porém, agem com segurança e majestade.

Previdentes, organizados e com rigorosos princípios morais, têm hábitos austeros e não toleram preguiça, desperdício, desordem e falta de educação. Não admitem dividir suas ideias. São resmungões, dados ao murmúrio e a falarem sozinhos, além de ranzinzas; acham dificuldade em tudo o que precisam fazer, principalmente quando implicam com alguém. São muito ladinos, sempre encontrando uma forma de os outros fazerem suas coisas.

Esses filhos podem ter muita dificuldade em aceitar com rapidez maneiras novas de fazer as coisas e também de dizer "não". Com tendência a subestimar seu próprio valor, é possível que, diante de críticas, o filho de Nanã se desanime e até fique deprimido, sentindo-se inadequado neste mundo, convencendo-se de que tudo só dá errado e que não faz nada direito. Aí, pode não cuidar das suas próprias necessidades.

Como tendem à introspecção, precisam tomar cuidado para não perderem o contato com o mundo exterior, vivendo exageradamente em seu mundo interior. Nos momentos de tomada de decisões rápidas, podem conflitar-se com pessoas ativas e dinâmicas.

No negativo, filhos e filhas de Nanã são pessoas intratáveis, ciumentíssimas, ríspidas, tagarelas, fuxiqueiras, ferinas, vingativas, perigosas, amargas e sofridas, apesar de serem solidárias e generosas. Guardam, no íntimo, tudo o que lhes fazem e que as desagradam e retomam o assunto sempre que há oportunidade, mesmo que já lhe tenham pedido perdão. Podem tornar-se senis, desestabilizadas, masoquistas, hipocondríacas, apáticas, petrificadas e conservadoras. São pessoas rabugentas, manhosas, dramáticas, resmungonas, intransigentes e esperam sempre que os outros façam ou resolvam seus problemas. Têm propensão para se sentirem desencorajadas, quando não são mais apreciadas ou necessárias; são desconfiadas e gostam de remoer as adversidades.

Ciumentas e possessivas, no negativo, as pessoas filhas de Nanã exigem atenção e respeito e não gostam de brincadeiras; em geral, não têm facilidade de perdoar os defeitos alheios e as supostas ofensas. Amorosos e exclusivistas, egoístas e possessivos, os filhos e filhas de Nanã têm tendência a cercear os amigos e podem ser extremamente vingativos. Gostam de viver no passado e de recordações. Além disso, acham dificuldade em tudo e não admitem que seus familiares tomem decisões sozinhos. Quanto a si mesmos, quando tomam uma decisão, dificilmente mudam de ideia ou de opinião.

Como são espertos e sempre acham um jeito de os outros fazerem suas coisas, as filhas e filhos de Nanã podem ser vistos pelos demais como folgados e espaçosos. Também podem ser vistos como vingativos e implacáveis, por guardarem rancor por muito tempo, além de conservadores, avarentos, decrépitos e senis.

Ninguém deve acomodar-se em seus limites e problemas, que pode até ter trazido de outras vidas, e culpar o Orixá, pois a encarnação não é para isso e, sim, para que possa aprender, crescer e avançar em seu processo evolutivo. Defeitos, problemas e desequilíbrios não são do Orixá e, sim, do filho ou filha, que deve vencê-los e superá-los, buscando conhecer as virtudes de seus pais e mães Orixás e aprender com eles.

A vibração dos Orixás influencia o caráter, o biótipo e a personalidade de seus filhos, mas não os seus desvios, as suas fraquezas e tendências negativas. Cabe a cada um não se entregar à acomodação em seus negativismos e crescer em humanismo.

Se nesta existência você foi agraciado(a) com as qualidades de Mãe Nanã, entenda por que você recebeu esse presente e positive sua vida com as vibrações do saber ancestral dessa Mãe. Conhecer seus Orixás é trilhar um caminho de autoconhecimento, de descoberta do que o(a) está atrapalhando na convivência com os demais, seus pontos fortes e suas falhas e o que você pode mudar, desenvolvendo seus aspectos positivos e manifestando o que você tem de melhor.

Para estarem em sintonia com o padrão original do Ancestral e dos Orixás que os regem de Frente ou como Adjuntó, os filhos e as filhas de Nanã, com sua natureza calma e decantadora, devem trabalhar positivamente suas dificuldades ou perturbações, assim como suas limitações, sempre tendo como parâmetros a sapiência, o racionalismo, a flexibilidade, a maturidade, a transmutabilidade e a maleabilidade, buscando desenvolver cada vez mais a persistência, a simplicidade, a modéstia, a paciência, a tolerância, a bondade e o perdão.

"O ser é reflexo de sua divindade pessoal e, quando não está agindo e se conduzindo segundo ela determina, então, entra em desequilíbrio, ora interno, ora externo." (Rubens Saraceni – *O Livro da Criação* – Madras Editora).

Capítulo 18

A Divindade Nanã e a Natureza

> *Os Orixás regem todos os domínios existentes na Criação e geram os meios onde os seres naturais e espirituais vivem e evoluem.*
> Rubens Saraceni

A Umbanda é uma religião natural, ecológica por excelência, pois guarda uma relação direta com a Natureza e com suas divindades geradoras e sustentadoras, e é profundamente voltada para a preservação da vida. A água que bebemos, os vegetais que nos alimentam, a terra que nos sustenta, o ar que respiramos, o fogo que nos aquece, etc., são materializações, extensões dos sagrados Orixás da Natureza, suas Divindades.

Para nós umbandistas, cada Orixá é a divindade responsável por uma parte da Criação. É manifestador de uma qualidade do Divino Criador e aplicador de um dos aspectos divinos na vida dos seres, das criaturas e das espécies.

Mãe Nanã é a qualidade decantadora de Olorum e age sobre os seres desequilibrados, fanáticos e emocionados, com atuação alternada, pois tanto pode intensificar suas ações como paralisá-las.

OS ELEMENTOS – ÁGUA E TERRA

A essência aquático-telúrica concretiza o atributo exclusivo de Mãe Nanã, que é a decantação. Nanã é a energia fatoral decantadora de coisas úteis às criaturas e à própria criação, em todas as dimensões.

Essa Mãe Evolutiva, que atua no polo negativo da Linha da Evolução, é absorvente e passiva no elemento terra (paralisa) e ativa no elemento água (maleabilidade). Por isso, é regente da terra em contato com a água, a lama, o barro, o lodo, o pântano.

Como divindade mista ou bielemental, Nanã tem suas irradiações bipolarizadas e tanto irradia em um elemento quanto no outro, ou nos dois ao mesmo tempo. No primeiro elemento, a água, as irradiações são ativas e, no segundo elemento, a terra, são passivas. Ou seja, ela conserva suas qualidades, atributos e funções originais, mas também assume as qualidades, atributos e funções dos seus segundos elementos.

O Trono Aquático-telúrico (Nanã) é um trono essencial, de magnetismo atrator, que tem por função básica limpar excessos, decantar, concentrar e amadurecer, em todos os sentidos existenciais.

Sem água não há vida. A essência aquática é estimuladora, desparalisadora, maleabilizadora. Na linha de forças aquáticas, Nanã flui por meio da corrente universal, que é passiva, apassivadora, racionalizante, aquietadora, etc., irradiando energias.

Mas sem terra não há sustentação para a vida, não há fixação. A essência telúrica é sólida, absorvente, decantadora, atratora, afixadora, paralisadora. A qualidade da terra é a firmeza. Água e terra são elementos complementares. Da água com a terra surge o barro, substância mista, terra úmida, elemento de Mãe Nanã.

Como mental planetário, Mãe Nanã distribui suas vibrações energo-magnéticas calmamente, mantendo o equilíbrio entre as muitas dimensões, para que em nenhuma delas haja excesso nem carência de energias aquático-telúricas.

PARES DE NANÃ

Na Linha da Evolução, Mãe Nanã polariza com Pai Obaluaiê, que é terra-água e aplicador da evolução na vida dos seres. Nanã decanta os emocionais e os purifica; atua nos racionais, abrindo-lhes novos campos, por onde evoluirão de forma menos emocional.

Nessa Linha evolutiva, **Nanã** e **Obaluaiê** formam um **par natural vibratório e magnético**, no qual ela é ativa, com suas irradiações magnéticas cadenciadas, e ele é passivo, com suas irradiações magnéticas retas.

Par vibratório significa que ambos manipulam energias afins entre si ou complementares; são dois polos complementares. Ela é a água e a terra que magnetizam, decantam e paralisam; e ele é a terra e água que estimulam e energizam na mesma linha de força. Um completa o outro: onde ela é ativa, ele é passivo, mas estão em polos magnéticos opostos.

Na Linha da Vida, **Nanã das Águas** forma **par ideal** com **Omolu do Pó** ou da terra seca. São elementos e magnetismos opostos.

Nanã (água e terra) forma **par energético** com **Oxalá** (cristal). Os dois polos, cada um localizado numa dimensão elemental pura, suprem energeticamente a faixa onde a evolução se processa. Esses elementos são afins entre si e se amalgamam. Seus magnetismos provocam os mesmos efeitos nos seres, concentrando-os.

A AÇÃO DE NANÃ NO ORGANISMO HUMANO

Somos seres humanos, desenvolvemos cultura, mas, primordialmente, somos seres naturais. Mãe Nanã, por meio da quietude de suas vibrações, trabalha o espírito, o emocional, a saúde e a razão. Age no cérebro, adormecendo a memória; age decantando o emocional, aquietando a sexualidade, absorvendo, drenando, filtrando e descarregando os excessos dos seres. Atua na linfa, no pâncreas, no fígado e nos pulmões. Protege a barriga, o útero, a parte genital feminina e as mulheres gestantes.

A linfa é um líquido coagulável, amarelo-claro, transparente ou opalino, semelhante às seivas da bananeira e da babosa, pegajosas e viscosas, que circula nos vasos linfáticos e nos espaços intercelulares. Essa forma líquida, carregada de energia telúrica e aquática, atrai por magnetismo o que precisa ser filtrado no organismo, drena os excessos líquidos do corpo e os descarrega para fora.

Os nódulos linfáticos, por uma rede de vasos, retiram do sangue os micro-organismos perigosos e eliminam as bactérias presentes na linfa. Esse sistema abastece o corpo com defesas imunológicas e remove substâncias estranhas e células mortas do sangue. Quando não há o descarrego, podem se formar gânglios (ínguas), indicando que há processos inflamatórios.

A energia e vibração curadora de Mãe Nanã filtra, age nos elementos necessários ao organismo, absorve, drena, coagula, decanta e descarrega os que são excessos e precisam ser excretados.

O fígado e o pâncreas também são espécies de filtros, associados à energia aquática e telúrica. O fígado relaciona-se ao chacra umbilical e o pâncreas ao chacra esplênico. Os pulmões eliminam o gás carbônico.

Nanã é a Divindade Feminina do Trono da Evolução geradora de fatores que são assimilados por nós encarnados, por meio do chacra esplênico ou chacra transmutador. Esse plexo atua como filtrador das energias geradas no sétimo sentido ou absorvidas pelo chacra básico, que são geracionistas e estimuladoras da criatividade mental, das faculdades criativas, só obtidas caso essas energias passem por uma transmutação.

Esse chacra, o esplênico, é o centro das emoções, da energia sexual e das forças criativas primitivas e não purificadas; vitaliza o sistema nervoso, é transmutador e regula a distribuição e a circulação adequadas dos recursos vitais. Corresponde ao elemento água, que também purifica e limpa e se expressa fisicamente pela ação desintoxicante e eliminadora dos rins e da bexiga. O chacra esplênico forma a aura da saúde e tem por função principal proteger a pessoa contra a invasão de energias deletérias e germes mórbidos.

O núcleo do nosso planeta irradia constantemente um fluxo energético que, ao chegar ao nosso chacra raiz, nos traz a energia oculta do interior da Terra, à qual estamos intimamente ligados, a energia telúrica, segundo elemento de Mãe Nanã. Essa mesma energia, com a água, formou o planeta, suas paisagens, plantas, animais e também o nosso corpo. Da Terra, esse chacra extrai e transmite forças geodésicas sutis, energias levadas a todas as células pelo sangue, enchendo-as com um fluxo pulsante da força vital primária.

Esse chacra raiz é a nossa base, o nosso apoio no mundo físico e a fonte da força vital para os chacras mais elevados. Quando equilibrado, ele é a sede do inconsciente coletivo, da memória ancestral, cujo conhecimento acumulado se torna acessível.

O chacra raiz, terra, rege as pernas, os pés, os ossos e o intestino grosso. É por isso que muitos também associam Nanã com a regência desses órgãos, uma vez que terra é o seu segundo elemento. Desequilíbrios nesse chacra podem causar obesidade, prisão de ventre, ciática, hemorroidas e problemas de próstata nos homens, além de depressão e instabilidade.

"A exploração abusiva das forças da Terra, praticada hoje em dia, e a destruição do seu equilíbrio natural são sintomas de um distúrbio no chacra raiz da maioria das pessoas da atualidade." (Sharamon, Shalila e Bodo, J. Baginski – *Chacras, Mandalas de Vitalidade e Poder.*)

ORIXÁ DA VELHICE E PROTETORA DOS IDOSOS

Este é o tempo em que o fruto já amadureceu por completo e está começando a se deteriorar ou o corpo humano começa a perder sua agilidade, flexibilidade e desenvoltura ... Se isso ocorre é porque seu espírito imortal já não tem uma matéria apta a suportar as suas vibrações energéticas.

Rubens Saraceni

A Divina Mãe Nanã atua no cérebro e na memória, como já visto no capítulo 9. Ela representa a memória do planeta e das raças, rege a maturidade e os magnetismos.

Os ciclos da vida existem para que cada coisa seja identificada por sua aparência externa, que expressa a sua idade. Nas linhas da vida, cada Orixá atua por meio de um dos sentidos e das energias, regendo uma etapa da vida dos seres. Por exemplo, Oxum rege a juventude e Iemanjá rege a maturidade.

Nanã, a grande mãe e avó, é a protetora dos idosos e representante do elemento velho e senil, já que é a responsável pelo encerramento dos ciclos de vida e morte, com seus fatores decantador e paralisador. Ela é associada à velhice, à anciência, à senilidade, período que naturalmente antecede a morte, etapa da vida em que as pessoas começam a se esquecer de muitas coisas que vivenciaram em suas vidas carnais.

Já vimos que isso ocorre aos poucos, por magnetismo, com o adormecimento da memória e dos conhecimentos, quando Nanã vai atuando no cérebro, que comanda todas as funções biológicas. Ocupando um corpo gasto, o indivíduo espera a libertação que a morte trará. Imagina-se que a bagagem de conhecimentos e de experiências adormecidos, mais o cansaço do corpo gasto facilitem essa transição.

Quando vamos envelhecendo, nos domínios do corpo algo começa a arrefecer. O cérebro com deficiências funcionais vai, pouco a pouco, prejudicando também os sentidos e se torna inevitável associar a velhice à morte. Mas, com seu fator amadurecedor, Mãe Nanã ajuda serenizando, trazendo calma e aquietando os seres.

Há velhices de todos os tipos e não se deve taxá-las com noções distorcidas e genéricas, todas da mesma maneira e com atributos negativos. Quase todos os seres passam por uma meditação, decorrente do envelhecimento do corpo físico. Dos 40 aos 50 anos já vão se preocupando com a idade, com não tomar atitudes impensadas com o tempo que lhes resta. Dos 50 aos 60 anos, preocupam-se mais em manter-se do que em obter novas conquistas. Aos 70 já começam a pensar no fim que se aproxima, avaliam suas conquistas e fracassos, se fizeram as coisas certas ou não.

Mas a velhice não precisa ser sinônimo de decadência, inutilidade, dependência e período de espera da morte. Isso não é bom para ninguém. Envelhecer e amadurecer com sabedoria é uma bênção; é voltar a ter a serenidade, como na infância.

Nossa sociedade ocidental, consumista e imediatista, tem dificuldade para encarar a velhice e a morte; é praticamente voltada para a negação da morte e eternidade da juventude. A finitude assusta. O "velho" é inconveniente, adoece, tem sofrimento e traz sofrimento e trabalho para a família.

O que vemos são idosos muito desconfiados em relação à dependência, ao convívio, à intolerância e a serem cuidados pelas gerações mais jovens. Veem ameaças, riscos, maus-tratos. Nesse tipo de sociedade intolerante, um velho, mais lento e com múltiplas dependências, é um estorvo para os mais jovens. Mas é preciso lembrar que todos terão sua vez de envelhecer.

Muitos idosos, não suportando essa realidade, reagem com mecanismos de defesa, tais como fobias, demência e sofrimentos psíquicos. A dor pode ser uma emoção tão forte que altera a própria mente, que comanda tudo no plano etérico do espírito, desequilibrando-a e alterando as qualidades do espírito: o magnetismo, a consciência, as vibrações e o raciocínio.

Nanã é protetora dos idosos; é a qualidade racionalizadora do Divino Criador Olorum, que atua por magnetismo. É a protetora dos sonhos e do sono. O sono regula a memória. Há cerca de 90 distúrbios do sono, como ansiedade, taquicardia, irritação, depressão, arritmias e muitos outros. Durante o sono, em segundos se desenvolve uma eternidade. O tempo não conta para o espírito, nem o dia, nem a noite, pois ali o tempo é uno e o espaço não tem barreiras.

Diariamente, quando deitamos e adormecemos, nosso corpo sutil viaja para planos extrafísicos e, quando volta ao corpo físico, só nos lembramos de algumas coisas ou não lembramos de nada. Durante o sono, nosso corpo denso vai se regenerando, o organismo fica mais propenso a quedas vibratórias e o corpo espiritual se recarrega com a energia universal, que, quando absorvida, nos torna calmos, contemplativos, serenos, introspectivos e de pouca ação. Para alterar esse estado de coisas, existe a energia cósmica.

Quanto ao sonho, é interpretado de várias maneiras. Para alguns são apenas imagens, pensamentos e fantasias que se apresentam durante o sono. Para outros, o sonho tem a função de manter o cérebro em ordem e recuperar a saúde do organismo. Diversos pensadores e cientistas afirmaram que tiveram visões reveladoras, grandes *insights* em sonho.

Mas há também o sonho que se sonha acordado, o sonho encantamento, e as pessoas que não têm projetos, não têm sonhos, portam crepúsculos no olhar. Todos nós precisamos de um tempo só nosso; é questão de soberania. Desrespeitar e maltratar os velhos, impedir-lhes de sonhar, é desrespeitar a Divina Mãe Nanã; é ficar sob a reação da Lei Maior e, mais tarde, sofrer a ação dos fatores reativos dessa mãe e ser bloqueado no racional do seu mental superior.

EU HONRO AS MINHAS ANCESTRAIS

Giovana Barbosa

As minhas Ancestrais eu saúdo
As minhas Ancestrais eu honro
As nossas ancestrais eu chamo.
As Curandeiras, Parteiras, Rezadeiras, Benzedeiras
Mulheres de força, fibra, garra e determinação.
Fazem da erva, o remédio
do Chá, o calmante
do Banho, a Limpeza
Nos campos, nas cidades
nas casas, nas colinas
Sãos Elas as donas da Sabedoria.
Rostos marcados pelas histórias da Vida,
Em suas mãos um terço, no seu pescoço um patuá
No seu peito a FÉ
São elas as senhoras da fala mansa, do punho determinado e da força de vontade
Com humildade nos deixam os ensinamentos aprendidos na escola da Vida
A melhor professora: A Grande Mãe
Com seu novelo de lã, nos ensinam o tecer dos sonhos
Com seu compartilhar, nos ofertam a possibilidade de fazermos cada dia um Novo Amanhecer.
São elas as senhoras que há tempos nos mostram o verdadeiro sentido contido na palavra MULHER "

Os idosos, em geral, têm muito a contar sobre suas experiências, com suas prosas evocativas. Eles não são "lixos sociais"; em seus olhos de velhos, brilha a luz!

Ao lembrar e contar sobre o passado, estão ocupando seus conscientes, reproduzindo suas histórias. As memórias coletivas envolvem essas memórias individuais, sem se confundir com elas. Lembrar não é necessariamente reviver, mas pode ser um refazer, reconstruir as experiências do passado, com imagens e ideias de hoje. Assim, a memória se torna trabalho.

As sociedades ocidentais, em geral, não valorizam seus anciãos. Nas culturas antigas, o velho era sempre respeitado e ouvido como fonte viva do conhecimento ancestral. Hoje, só vemos esse costume em algumas culturas indígenas, orientais e ciganas, que consideram cada ruga uma experiência de vida na luta pela sobrevivência e cada fio de cabelo branco uma possibilidade de ensinamento para os mais jovens. Nas comunidades em que os idosos são cuidados com desvelo, tratados com dignidade, considerados os detentores da sabedoria e do conhecimento e são merecedores de alta estima, consideração, amor e respeito, graças às suas experiências de vida acumuladas por muitos anos, eles são mestres das gerações futuras, são ouvidos, transmitem os ensinamentos e, em sinal de respeito, os mais jovens beijam suas mãos. Essa forma de tratamento os faz lúcidos até o final de suas vidas.

ATUAÇÃO DE NANÃ NO ORGANISMO FEMININO

A energia aquática é sinônimo de vida e podemos observá-la no sêmen e no óvulo, presentes na geração e formação de um ser humano. Nosso corpo carnal, já sabemos, em sua maior parte é composto por água. O envelhecimento acontece quando os órgãos captadores desse composto energético aquático começam a perder essa capacidade, resultando o enfraquecimento do todo carnal. O envelhecimento do corpo carnal freia a sexualidade dos humanos, dificultando as trocas energéticas. A senilidade é gerada pelo aspecto cósmico de Mãe Nanã.

Na procriação, Mãe Nanã rege o útero, enquanto Mãe Iemanjá rege a placenta e Mãe Oxum é regente do líquido amniótico. O útero é uma estrutura com formato de pera (fruta de Mãe Nanã), cujo pescoço (cérvix) se ajusta à parte superior da vagina e cujo fundo está curvado e inclinado anteriormente sobre a bexiga. É o local do óvulo fertilizado; é o sítio para a implantação e amadurecimento do novo embrião.

Como regente do útero, Mãe Nanã é a vovó amorosa que ampara; ela zela pela continuidade da existência da espécie humana. Nanã Buruquê é o "princípio feminino". Ela divide o tempo no organismo feminino, com seus fatores decantador, adormecedor e paralisador da sexualidade e da procriação. No ciclo feminino da vida, a sexualidade tem início com Oxum, que simboliza a atração, o estímulo à sexualidade feminina, a concepção, a responsabilidade pelo feto preconcebido. Mãe Iemanjá dá sequência à gestação e nascimento da vida, estimulando a mulher madura, a maternidade e os cuidados com os filhos. No final da vida fértil, temos Mãe Nanã, finalizando a geração de filhos, com a menopausa e sendo a vovó cuidadora dos netos e dos velhos.

Menopausa é a fase que ocorre na vida de todas as mulheres, como consequência da falência dos ovários que deixam de produzir os hormônios estrogênio e progesterona. A menopausa é um marco indicativo do final do ciclo reprodutivo da mulher e pode vir acompanhada de alguns sintomas característicos: ondas de calor (fogachos), insônia, diminuição da libido, irritabilidade, suores noturnos, etc. Na menopausa, com a queda na produção de hormônios, em cerca de um ano ou até menos, a grande maioria das mulheres apresenta alterações e sintomas decorrentes dessa baixa repentina.

ATUAÇÃO DE NANÃ NO ORGANISMO MASCULINO

No organismo masculino também vemos a ação de Nanã Buruquê, a Senhora da Velhice, no próprio envelhecimento e senilidade e na andropausa. Após os 50 anos, os homens começam a perceber sintomas semelhantes à menopausa, que podem ser desencadeados por mudanças de atitudes, estresse psicológico, acidentes, cirurgias, medicação, obesidade, infecções, etc.

Diferentemente das mulheres, na andropausa eles não têm um sintoma específico, como a interrupção da menstruação para marcar essa transição. Ambos, no entanto, são caracterizados por uma queda nos níveis de hormônios, o estrogênio nas mulheres, a testosterona nos homens. Nos homens, as transformações ocorrem muito gradualmente e podem ser acompanhadas por alterações emocionais, humores, fadiga, perda de energia, libido e agilidade física.

Existe uma diferença fundamental, pois nos homens nem todos têm queda hormonal significativa e, quando ocorre o faz lentamente, com manifestações menos aparentes do que na mulher. Esse declínio de testosterona é gradual, mas pode acarretar riscos e problemas de saúde, como doenças cardíacas e ossos frágeis.

AÇÃO DE NANÃ NO MEIO AMBIENTE

A Divindade Feminina da Evolução, Mãe Nanã, possui várias denominações, que têm aparecido no transcorrer desta obra. Da mesma forma, suas relações com os processos que acontecem na Natureza terrestre e no Meio Ambiente também são muitas. Vamos comentar apenas algumas dessas relações, que já serão extremamente úteis para exemplificar a ação intensa dessa mãe.

A GUARDIÃ DAS ÁGUAS CALMAS E TURVAS – SEUS PONTOS DE FORÇAS

Tudo o que existe de visível na Criação Divina é a materialização ou concretização do que não conseguimos ver, pois, anterior ao nosso plano material, existe numa realidade e dimensão que desconhecemos. Desde a criação do Universo até o contínuo desenrolar da existência de todos os elementos e seres vivos do nosso planeta, Mãe Nanã está sempre presente, com sua energia, sempre alerta a tudo que acontece. Os ciclos da vida existem também na Natureza terrestre.

Assim como os demais Orixás, a divina Nanã é uma guardiã que tem seus pontos de forças na natureza, que se localizam nas águas calmas e turvas: os lagos, lagoas, mangues, pântanos, deltas e outros. Mas, atenção! Esses pontos de forças não são Nanã. Eles são a concretização ou materialização de sua energia fatoral decantadora, em todas as dimensões. Nesses locais, as águas são decantadas e depositam em seu fundo as impurezas incorporadas no seu contínuo fluir.

Nanã, simbolizada pelo lago em forma de meia-lua, decanta e sereniza os seres sobrecarregados de negativismos. Esses pontos de forças localizados são portais de acesso a dimensões específicas, onde ocorrem evoluções naturais em paralelo com a dimensão espiritual. São locais que não emanam energia pelo espaço, como outros pontos de forças, mas são altamente magnéticos e absorventes; portanto, muito mais do que simples lugares da natureza onde são cultuados Orixá e Guias Espirituais. São locais onde se descarregam todas as irradiações captadas.

Pessoas que ficarem à beira dessas águas calmas terão seus campos vibratórios descarregados e magnetizados e até o seu modo de ser é modificado, ganhando mais equilíbrio e ponderação. Como Guardiã dos pontos de forças onde reina a calma absoluta e absorvente, não encontrada em nenhum dos outros pontos de forças, a manifestação de Mãe Nanã é quase imperceptível, pois oculta muitos mistérios em suas profundezas. Se tentamos desvendá-los, não conseguimos ver além das margens.

Luz e Trevas nos Pontos de Forças

Todo ponto de forças possui um lado positivo (Luz) e um lado negativo (trevas). Os polos positivos são o alto e os negativos são o "embaixo" dos pontos de forças. O alto é irradiante e o embaixo é absorvente. Vibrando à Esquerda, no seu lado negativo, Nanã é a guardiã do ponto de forças das águas estagnadas e do lodo, desequilibrador e desarmonizador, quando voltado contra nós.

O embaixo ou lado negativo dos pontos de forças localizados, por possuírem energia e vibração magnética opostas aos Tronos do Alto, não é irradiador de energias. Como já tratamos anteriormente, seres desequilibrados e desarmonizados, quando do desencarne, são atraídos naturalmente para esse lado negativo, onde esgotarão seus negativismos emocionais e seus magnetismos mentais desequilibradores. O polo negativo Nanã-Yê será ativado e esses seres serão submetidos a um intenso processo de decantação, que os conduzirá aos lodos dos fundos dos lagos e lagoas, onde estacionarão nos limbos que criaram para si mesmos e irradiaram aos seus semelhantes. Os seres aí recolhidos serão imobilizados e assentados no barro do fundo dos seus pontos de forças, terão suas doenças (vícios, emoções e sentimentos negativos) decantadas e esgotadas, até ficarem maleáveis como o barro. Só então serão devolvidos às faixas neutras e redirecionados para a luz ou para a reencarnação.

Na dimensão astral inferior existe uma espécie de pântano, chamado lama astral, que tem a capacidade de absorver fluidos densos, regenerar e higienizar os perispíritos e o emocional de espíritos grosseiros e, graças a isso, lhe atribuem propriedades terapêuticas. Na estrutura dessa lama astral, além do magnetismo primário do planeta, há componentes em alta concentração, semelhantes aos utilizados na radioterapia e subprodutos criados ou mantidos por elementais.

Em condições normais, a lama astral é altamente corrosiva; porém, quando manipulada por espíritos detentores de conhecimento, torna-se imensamente benéfica nos hospitais e postos de socorro umbralinos. Aos espíritos negativos renitentes, que exteriorizam e expressam seu panorama íntimo, a lama astral ocasiona sensações nada agradáveis.

Nanã, de todos os Orixás, é quem tem um dos mais fechados mistérios. Seu lado negativo ou escuro, no astral, é habitado por entidades com um poder enorme, porém fechado às pesquisas de suas forças ativas.

Quando orientados para nos auxiliar, os seus pontos de força são absorventes, decompõem energias pesadas, densas e deletérias; mas, quando voltados contra nós, em conformidade com a Lei Maior, são destrutivos, desequilibradores e desarmonizadores.

Lagos e Lagoas

Lago

Lagoa

Lagos são grandes porções de água doce ou salgada, com forma, profundidade e extensão variáveis, que ocupam depressões na superfície terrestre. As lagoas são porções de água doce ou salgada, menores e mais rasas que os lagos.

Os lagos são como para-raios, com seus campos magnéticos absorventes e descarregadores poderosíssimos, que variam de sete a 77 metros, a partir das margens. Ali, reina a calma absoluta, característica que é própria de Nanã, que se movimenta lenta e cadenciadamente porque traz em si energia e magnetismo muito fortes.

Um lago tem a superfície calma, de águas tranquilas, que parecem paradas. Mas ele puxa para o fundo qualquer coisa que nele seja atirada; ele decanta silenciosamente. Assim é a energia de Nanã, a mais velha das mães d'água. A calma desses pontos de forças é parte do próprio mistério e do modo de ser de Mãe Nanã.

Quem se aprofunda demais num lago corre o risco de não retornar à tona, pois o magnetismo absorvedor é imenso. Lagos e lagoas têm fluidez para baixo, pois são portais. Os grandes lagos abrigam cidades astrais acima e abaixo. Mas, tomando as devidas precauções ao penetrar em seus domínios, o ser, à medida que vai se aprofundando em seus mistérios, modifica-se, passa por uma grande transformação em seu modo de ser e de agir, pois essa mãe é tão absorvente quanto um lago.

Esses pontos de força de Nanã têm suas funções na natureza como acumuladores de água e regeneradores da vida. À volta dos lagos, mangues e deltas, a vida animal e vegetal é abundante e rica. Nanã é a senhora dos seres que habitam em seus domínios, como os girinos, os sapos, as gias, os caranguejos, guaiamuns, aratus, caracóis e outros.

Os lagos atraem, absorvem com suas águas as irradiações negativas que se acumulam no espaço, trazidas pelas correntes magnéticas que circundam a atmosfera e pelas mentes humanas, quando vibram angústia, ódio ou dor, e descarregam as irradiações captadas.

Deltas e Mangues

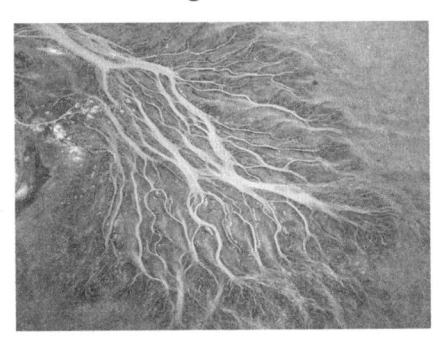

Delta

Mangue

Os deltas são um tipo de foz em que os rios desaguam lentamente no mar ou em um lago, depositando muitos aluviões (sedimentos) e formando vários braços ou canais, com grande sedimentação à volta. É um conjunto de barras de areias, pântanos e lagoas, locais pantanosos e perigosos para se construir moradias. Há deltas de rios famosos que chegam a avançar dezenas de quilômetros para dentro do mar, como o delta do Rio Mississipi e o delta do Rio Ganges.

Nas zonas costeiras, especialmente dos deltas, formam-se os manguezais, na mistura das águas doces dos rios com as salgadas. O mangue, vegetação típica desses locais, é formado na água salobra e é hábitat de várias espécies animais. Nesses locais, forma-se uma lama orgânica de cor escura e lodosa, denominada vasa.

Pântanos e Lodo

Pântano   Lodo

Pântanos são terrenos planos e inundáveis, cujo fundo é lodoso e pouco consistente. O lodo ou lama é o depósito terroso, com mistura de restos de vegetais ou de matérias animais, que se forma no fundo das águas.

O lodo é visto de maneira tão negativa que a palavra serve para designar ignomínias, degradação moral e outras denominações pejorativas.

Nos manguezais e pântanos, pode também se formar a chamada areia movediça, fenômeno comum em ambientes com a presença de solos arenosos e muita água. Abaixo da superfície, essa água em abundância preenche todos os espaços existentes entre as partículas que formam o solo, saturando-o. O atrito entre os grãos diminui, dificultando a mobilidade nesses locais, que não sustentam peso.

Nanã é a mais velha das divindades da água, mas das águas paradas do fundo dos lagos e pântanos lodosos, pontos de forças vibracionais da natureza que lembram os primórdios da formação da Terra. O sistema da biosfera terrestre é revitalizado pela ação da água e da terra, que geram vida e fornecem a força vital que absorvem e transmutam tudo que morre.

Quando vibra à esquerda, no seu lado negativo, Nanã é a Guardiã do ponto de forças das águas estagnadas ou lodaçais. A ação negativa dessas águas paradas pode tirar o equilíbrio de uma pessoa, de uma só vez, provocando desequilíbrios e doenças espirituais, ao atuarem por meio dos líquidos do corpo humano, que constituem mais de 70% dele.

No lodo, são encontrados os sapos, animais que se alimentam de insetos. Eles coaxam e emitem ondas sonoras que vibram em um magnetismo intenso que ecoa no ar. Os insetos são atraídos, entram nessas ondas magnéticas e ficam presos por esse intenso magnetismo, que permite aos sapos se alimentarem, tranquilamente, sem sair do lugar. Quando são realizados trabalhos de magia negativa, utilizando o sapo vivo, ele vibra o seu poder magnético sobre o elemento usado, atraindo vibrações grosseiras aos seus destinatários. Trabalhos desse tipo são anulados na força de Mãe Nanã, com seus poderosos magnetismos absorvedor, filtrador, decantador e paralisador.

Quem ativa trabalhos negativos de tal porte, quando do desencarne, irá direto para os planos inferiores dos lodaçais do astral que, com os planos inferiores dos cemitérios, são as regiões mais sufocantes, onde os espíritos devedores purgam tudo o que devem da forma mais horrível que há.

Os Pontos de Forças Abissais

A Senhora das Profundezas, Nanã, tem seu ponto de forças também nos fundos dos oceanos, nas chamadas fossas abissais ou abismos submarinos. São locais onde há uma decantação e sedimentação nas profundezas. Sabemos que o mar é ponto de forças de Mãe Iemanjá, mas suas profundezas pertencem a Nanã.

Há fossas abissais com mais de 10 mil metros de profundidade, como a Fossa das Marianas, nas Filipinas (11.034 metros) e a Fossa Tonga, na Oceania (10.882 metros).

O conhecimento dos fatores de Mãe Nanã e de sua atuação na natureza, além de ser considerada um Orixá de Cura, permite-nos relacionar com ela uma incrível descoberta. Cientistas comunicaram, no mês de outubro de 2017, que os caracóis marinhos *Conus geographus*, que vivem em águas profundas e pesquisados nas barreiras de coral da Austrália, produzem um veneno letal que poderá ser utilizado no tratamento da dor crônica, em doentes com cancro, Aids, Alzheimer, diabetes e outros males.

Esses caracóis, perigosíssimos, têm uma picada extremamente tóxica e são responsáveis por muitas mortes humanas, não existindo um antiveneno para a sua picada. Eles têm uma grande diversidade de venenos e alguns conseguem ser 10 mil vezes mais potentes que a morfina, mas sem as suas consequências viciantes e seus efeitos colaterais. Os venenos dos caracóis marinhos desse gênero englobam as estratégias mais sofisticadas de envenenamento conhecidas no reino animal, permitindo que esses pequenos e lentos animais capturem vermes, moluscos e mesmo peixes.

Na prática, tal conhecimento científico abre caminho para a identificação de novas toxinas de venenos que atuam no sistema nervoso humano, podendo resultar em novos tratamentos para a dor crônica.

SENHORA DAS ÁGUAS BARRENTAS – A GRANDE DEUSA DA LAMA

Na Umbanda, entendemos que as divindades não são dissociadas umas das outras e não são antagônicas, pois na Criação tudo se complementa. Um Orixá não realiza tudo sozinho, pois não dispensa a ação dos outros, que participam, ainda que de forma passiva. Se todos são qualidades divinas, então todos estão presentes em uma mesma ação ativada por um deles. Cada Orixá tem seus movimentos cadenciados, ritmados e direcionados, conforme sua frequência vibracional.

Nanã e Oxumaré na Natureza

Quando observamos as planícies onde os rios velhos formam meandros e lagos abandonados, em forma de meia-lua ou ferradura, é plenamente visível a ação dos fatores cadenciador, lentador, transmutador, maleabilizador, transmutador, pantanizador, encharcador e abrejador, dentre outros.

Mãe Nanã, graças à energia telúrica de seu magnetismo muito forte, traz em si movimentos lentos e cadenciados e, na Natureza, tem pleno domínio sobre seus elementos primordiais, a água e a terra, com seu fator maleabilizador.

Oxumaré herdou de Nanã, sua matriz geradora, o mistério cadenciador, que dá maleabilidade; ele foi gerado por Olorum nesse mistério das frequências vibratórias ou comprimentos de ondas e, com isso, dá ritmo, cadência e frequência a tudo e a todos.

Os Meandros e os Lagos Abandonados, em Forma de Meia-Lua

Vale do Rio Paraíba – São Paulo   Rio Miranda – Mato Grosso do Sul

Os rios em meandros e os lagos abandonados, em forma de meia-lua, são exemplos da ação conjunta das irradiações de Mãe Nanã (decantadoras) e de Pai Oxumaré (formas serpentinas). Os meandros são curvas que se formam ao longo dos cursos dos rios velhos, senis, cuja declividade é pequena e que caminham vagarosamente em direção à foz.

A força da correnteza, mesmo pequena, provoca a erosão de um lado do leito do rio e os aluviões retirados se depositam na outra margem, ocorrendo, com o tempo, uma alteração no seu curso e um aumento cada vez maior do vale e do campo de inundação. O fator diluidor de Pai Oxumaré destrói um lado do leito do rio e o fator sedimentador (decantador) de mãe Nanã sedimenta o outro lado.

No antigo leito, ficam lagos abandonados, em forma de meia-lua, e os terrenos são pantanosos, lodosos, barrentos. O fator renovador de Pai Oxumaré altera o curso das águas, formando um novo leito. Os meandros abandonados vão sendo sedimentados pela ação decantadora de Nanã, restando do antigo leito apenas os lagos abandonados, os pântanos, as águas barrentas e a lama.

A Taboa

Nos pontos de força de Mãe Nanã, como as várzeas pantanosas, os brejos, lagoas e banhados, podendo ocorrer também em manguezais e outras áreas úmidas, encontramos a taboa, também conhecida como paineira-do-brejo, capim-de-esteira, paina-de-flecha, pau-de-lagoa e outros nomes. É uma planta hidrófita, pertencente a Mãe Nanã.

Praticamente, todas as partes da taboa podem ser utilizadas. Na planta jovem, os rizomas e as bases das folhas e do caule podem ser consumidas; o broto pode ser comparado a um palmito e até o pólen é utilizado em doces. A fibra da taboa é durável e resistente e usada como matéria-prima para papel, pastas e cartões. Tem grande uso no artesanato de esteiras, cestas, bolsas e estofados. É depuradora de águas poluídas e filtro biológico para esgoto doméstico, absorvendo até metais pesados. A fibra também tem uso na vedação de água e como isolante térmico.

Na medicina popular, a substância gelatinosa encontrada nas folhas jovens da taboa (semelhante à substância gelatinosa das bananeiras e da babosa) é conhecida como um potente analgésico, com propriedades terapêuticas nas lesões de pele, inclusive em feridas, queimaduras e redução de cicatrizes. Alivia a dor e a inflamação, trata aftas, dores estomacais, diarreias, contusões e luxações, dismenorreia, sangramento nasal, afecções das vias urinárias, além de prevenir anemias e debilidade geral e proteger o organismo de agentes patógenos ou micróbios.

Não é por acaso que as esteiras utilizadas para os preceitos na Umbanda e no Candomblé são feitas artesanalmente com folhas de taboas. Quando o médium deita e dorme na esteira, que deve ser de uso pessoal, demonstra humildade, simplicidade e reverência ao seu Orixá. Está se purificando intimamente, mas, também estará isolado das energias ao seu redor; estará protegido e oculto energeticamente pela esteira, que funciona como um filtro energético.

A taboa da esteira, planta de mãe Nanã, ajuda a tranquilizar, apaziguar, aquietar (fatores de Nanã). Quando adormecemos, descarregamos energias e aí vem o sono, regido também por essa Mãe. Deitados e adormecidos na esteira, recebemos o amparo das forças e irradiações de Mãe Nanã, para esses momentos sagrados de ligação maior com os Orixás.

Esteira Transmutadora de Nanã

Providenciar:
Uma esteira, duas folhas de bananeira, sete velas lilases, uma beterraba, um vaso com crisântemos roxos, folhas de trapoeraba-roxa ou de peregum roxo, sete copos com água, azeite de oliva, um pires, um recipiente com pó de pemba lilás ou roxa ralada, folhas de ervas diversas de Nanã: hortelã, penicilina, assa-peixe, etc.

Higienize a beterraba e coloque-a para cozinhar. A seguir, separe a água do cozimento, acrescente uma quantidade de água para amenizar a coloração e o calor.

Conforme indicamos no tópico "Procedimento para preparo de banhos", faça a ativação da água da beterraba na irradiação de Mãe Nanã. Tome o banho antes de iniciar a preparação da esteira, vista-se com roupas brancas ou claras. Orientamos abstinência, no mínimo, de 24 horas, de carne vermelha, álcool e relação sexual, antes e pós a realização do ato sagrado. No caso de ser umbandista, firmar seu Orixá Regente e as forças de esquerda; caso não, firmar uma vela branca para o Anjo da Guarda.

No templo, em frente ao altar ou na própria residência, estenda as duas folhas de bananeira e, sobre elas, a esteira. Ao norte da esteira, coloque uma vela lilás, um copo de água, o vaso de crisântemos e a folhagem roxa, o recipiente com a pemba ralada, um pires com a beterraba cozida, cortada em cruz e regada com azeite. Ao redor, distribua as outras seis velas e copos com água. Sobre a esteira, distribua as folhas de ervas escolhidas, regidas por Nanã.

Com tudo devidamente preparado, acenda as velas, em sentido horário, ajoelhe-se no sul da esteira e calmamente faça esta oração:

"Senhor Deus, nosso Divino Criador Olorum! Eu O reverencio com todo meu amor e gratidão e peço-lhe bênção e licença para evocar e ativar os poderes divinos da Orixá Nanã Buruquê yê. Amém!

Divina Mãe Nanã yê! Eu reverencio respeitosamente o seu poder divino e peço que suas irradiações luminosas e magnéticas ativem as propriedades divinas, naturais, energéticas e espirituais destes elementos, abrindo sobre eles um portal transmutador de energias, para meu benefício, em todos os sentidos da minha evolução. Saluba Nanã!"

Iniciando com o pé direito, adentre no círculo e deite-se de bruços sobre a esteira com a cabeça (ori) direcionada ao norte, e continue a oração:

"Amada Orixá Nanã Buruquê yê! Peço-lhe que suas irradiações vivas e divinas transmutadoras envolvam completamente meus sete corpos, adentrem em meu mental e nos meus sete campos energéticos, diluindo, removendo e purificando de todas as energias densas, seres negativados, vibrações mentais e elementais que neles estejam alojados. Envolva e recolha, Divina Mãe, decantando com seu mistério tudo e todo negativismo existente, transformando-os.

Auxilia-me, Mãe Nanã, a transmutar sentimentos negativos que desequilibram meu emocional, fragilizam meu racional e negativam meu espiritual. Dê-me firmeza e estabilidade para iniciar as mudanças necessárias em meu íntimo e assim retornar conscientemente a jornada luminosa da minha vida. Ampare-me, Divina Mãe da Evolução!

Inunde todo meu ser, Mãe Divina da Transmutação, acalmando meu mental, equilibrando meu emocional, regenerando minha saúde física e energética. Cura-me!

Revitalize, fortalecendo toda as minhas ligações ancestrais, divinas, naturais e espirituais com sua luz divina, Nanã yê!

Acolha-me em seus braços! Acalante-me em seu colo, Vovó Divina! Saluba Nanã!"

Silencie, permaneça na esteira no mínimo até o término das velas. Caso queira, poderá adormecer e ficar até o dia seguinte. Neste caso, tenha a atenção de fazer os círculos de velas com uma distância segura, em relação à esteira.

Sugerimos defumadores ou incenso e música para o momento, pontos cantados de Mãe Nanã ou outras que induzem mentalmente a reflexão, calma e paz, a presença da natureza.

Antes de se levantar da esteira, agradeça a Divina Mãe Nanã por todas as bênçãos concedidas. Bata cabeça, saudando e reverenciando-a, Saluba Nanã! Coloque o pó de pemba na palma da mão direita e assopre para o alto. Levante-se, sem dar as costas, e com o pé direito saia da esteira. Agradeça novamente, fazendo três cruzes com a mão direita, por três vezes.

Após o término as borras das velas e os copos podem ser descartados no lixo. Recolha as folhas das ervas, das bananeiras, os crisântemos e a beterraba e entregue em um solo fértil ou aos pés de uma árvore; derrame a água diretamente na terra, agradecendo.

A esteira, o vaso e os pires devem ser limpos, guardados para serem reutilizados.

O banho com água da beterraba pode ser usado como mais uma opção em todas as ativações magísticas e religiosas apresentadas ao longo desta obra na irradiação de Mãe Nanã.

Se não for como oferenda, a beterraba usada para retirar a água poderá ser consumida normalmente.

ROCHAS SEDIMENTARES E FÓSSEIS – A MEMÓRIA DA NATUREZA

A Terra conta a sua história. Podemos conhecer seu passado pelos fósseis, que permitem estudar a evolução da vida na Terra, datar as rochas e determinar ambientes antigos.

As rochas sedimentares são formadas pela acumulação e compactação de sedimentos de outras rochas, depositados em áreas mais baixas que as adjacentes, formando camadas sobrepostas.

Sabemos que a decantação é o principal fator de Mãe Nanã, Orixá da Memória Ancestral, Orixá das Eras, Orixá dos Primórdios. Mas ela também é responsável por dividir a criação em faixas vibratórias, pela delimitação dos espaços.

Compactados entre os estratos ou camadas das rochas sedimentares podem ser encontrados os fósseis, restos remanescentes de plantas e animais preservados ou traços deixados por eles quando vivos. Os fósseis são restos de organismos que povoaram a Terra em épocas anteriores à nossa e que se conservaram principalmente nas rochas sedimentares. São vestígios ou marcas da sua atividade, e seu estudo nos permite entender como as formas de vida evoluíram. Ajudam a entender a história geológica da Terra, pela datação dos estratos rochosos. São a memória da Natureza.

Não há limite cronológico para formar um fóssil. Não é a idade que define o fóssil, mas sim a sua origem e o seu contexto presente. Se é um objeto com origem biológica identificável (um dente, uma folha, uma pegada, etc.) e está, ou esteve, inserido em um contexto geológico (enterrado em areia, petrificado, inserido numa rocha ou incluído no gelo de um glaciar, em âmbar ou em asfalto, etc.), então é um fóssil, independentemente da sua idade.

Os fósseis de idade, ou fósseis estratigráficos, correspondem a seres vivos pertencentes a grupos que sobreviveram durante intervalos de tempo curtos e tiveram grande área de dispersão. São importantes para estabelecer uma relação entre a idade dos terrenos em que se encontram, ajudando-nos a datar as rochas, camadas ou estratos. Eles podem nos dar preciosas informações sobre o tipo de ambiente que existia no local onde são encontrados, quando da sua fossilização.

A Idade das Rochas – Fósseis e Datação

Diferentes princípios podem ser utilizados para fazer a datação relativa de formações geológicas, como o princípio da sobreposição dos estratos e o uso do carbono 14. Numa série de estratos na sua posição original, qualquer estrato é mais recente do que os estratos que estão abaixo dele e mais antigo do que os estratos que a ele se sobrepõem. Assim, um conjunto vertical de estratos forma uma sequência estratigráfica e representa um registro cronológico da história geológica da região.

A idade das rochas e também a idade de um fóssil podem ser descobertas com a utilização do elemento carbono. O carbono 14 entra no processo de fotossíntese e, em consequência disso, todos os seres vivos possuem em sua composição geral certa porcentagem de carbono 14, mesmo que em pequena quantidade.

A datação de um fóssil pode ser feita com base no percentual já conhecido do carbono-14 (C14), em relação ao Carbono-12 (C12) da matéria viva (sem decomposição). O C12 é o carbono comum (não radioativo). Quando o ser vivo morre, inicia-se uma diminuição da quantidade de carbono14 por causa da sua desintegração radiativa. A meia-vida do C14 é de 5.740 anos, este é o tempo que o C14 leva para transmutar metade dos seus átomos em C12. Os cientistas então se baseiam no cálculo comparativo entre a quantidade habitual encontrada na matéria viva e aquela que foi descoberta no fóssil, determinando assim a idade do mesmo.

Por exemplo: Em um fóssil de 11.480 anos, encontra-se somente um quarto da quantidade habitual de C14. Já em um fóssil de 22.960 anos, deve se encontrar um oitavo da quantidade normal do radioisótopo.

OS COMBUSTÍVEIS FÓSSEIS: CARVÃO E PETRÓLEO

O carvão é considerado rocha sedimentar orgânica e tem início quando a vegetação é soterrada e vai se decompondo parcialmente, para formar a turfa, que, ao longo de centenas de anos, vai sendo comprimida pelos sedimentos, que a transformam em linhito. Com a contínua acumulação, decantação e peso dos sedimentos, o aumento da temperatura e da pressão podem transformar o linhito em carvão betuminoso e em antracito (carvão duro).

Turfeira

O petróleo e o gás natural geralmente se formam a partir de matéria orgânica animal e vegetal, acumulada em sedimentos marinhos que, ao longo de milhares de anos, comprimida sob o efeito do calor e da pressão, sofre mudanças químicas complexas. Ele pode migrar e até chegar à superfície, através de rochas permeáveis saturadas de água ou se acumular sob uma camada de rocha impermeável, dobrada ou falhada.

A idade de uma jazida de petróleo pode variar de 10 a 400 milhões de anos. O petróleo está localizado apenas nas bacias sedimentares e junto desse recurso mineral se encontram associados a água e o gás natural (metano e etano).

Ao longo de milhares de anos, restos de animais e vegetais mortos depositaram-se no fundo de lagos e mares e, lentamente, foram cobertos por sedimentos (pó de calcário, areia, etc.). Mais tarde, esses sedimentos se transformaram em rochas sedimentares (calcário e arenito). As altas pressões e temperaturas exercidas sobre essa matéria orgânica causaram reações químicas complexas, formando o petróleo. Consideram-se muito remotas as chances de se encontrar petróleo nas rochas ígneas e metamórficas.

Nas rochas sedimentares, nos fósseis e na formação do carvão e do petróleo, podemos perceber a ação lenta e contínua da Senhora das Eras, Mãe Nanã Buruquê.

NANÃ BURUQUÊ – A SENHORA DA RECICLAGEM

Novas coisas são geradas a partir da transmutação de coisas antigas. O fator decantador de Mãe Nanã, assim como decanta o que se esgotou no íntimo dos seres, também decanta o que se esgotou na natureza terrestre, comandando a reciclagem e dando origem a coisas renovadas, no macro e no microcosmo.

Para que algo novo surja, é necessário que um estado anterior das coisas seja desenergizado, paralisado, desmagnetizado e desagregado, caso contrário deformará o que vier a ser criado. A reciclagem que acontece na Natureza terrestre ou na natureza íntima dos seres e das sociedades é comandada, em termos de macro ou de micro, pelo fator evolutivo, que decanta o que se esgotou e transmuta tudo, originando coisas mais evoluídas.

Diante de algo que desejamos adquirir, devemos indagar se realmente necessitamos disso. Se buscamos a espiritualização, construímos nossa felicidade naquilo que não é matéria. É preciso uma revisão dos valores e não ceder à apelação dos modismos e da mídia. A satisfação será encontrada nos sentimentos nobres, na relação com a natureza, nas ações em favor do outro. Já dissemos que ninguém evolui sozinho.

Diante dos acontecimentos de desastres ambientais de grande magnitude, já acontecidos e possíveis de acontecer, é certo que o atual modelo de produção e estilo de vida chegou ao limite. O processo para a construção de um novo modelo econômico é inevitável. São necessárias as mudanças e nelas viver radicalmente os quatro erres: reduzir, reutilizar, reciclar e rearborizar.

Uma reorientação ética se faz urgente e as religiões são os nichos de valor privilegiado para grande parte da humanidade. É preciso reacender a ética e a moral dos seres humanos, com a visão alternativa de que outra humanidade é possível; esse papel pode e deve ser desempenhado pelas religiões. Há que se buscar outras racionalidades. Nesse processo, a Umbanda, como religião natural que é, pode exercer um papel fundamental.

NANÃ, A LUA E A PRATA

Simbolicamente, Nanã é representada como a meia-lua ou Lua Minguante, pois é também a forma de uma bacia ou lago, onde os espíritos pesados (viciados) afundarão e serão decantados em seu fundo, que é o lodo consciencial ou lama astral.

A energia lunar é fria e negativa, derivada da energia cósmica. Recebemos essa energia pelos raios lunares, que são reflexões dos raios solares que incidem na Lua. Mas a Lua é benéfica para a Natureza, para a humanidade e para o planeta em geral. A energia lunar ajuda a nos tornarmos seres mais ativos.

A Lua, satélite da Terra, exerce forte força gravitacional sobre todos os elementos vivos do nosso planeta. Os povos antigos e suas culturas sempre reconheceram a influência da Lua em seus costumes e práticas cerimoniais, iniciáticas e outras. Ainda hoje, podemos sentir a influência da Lua, especialmente em relação às plantações. A Lua Minguante é propícia ao plantio de alimentos dentro da terra (batata, cenoura, beterraba, etc.). A Lua Nova é benéfica para plantações que necessitam de maior intensidade de água (arroz e outros grãos) e a Lua Crescente é boa para a semeadura de frutos e flores.

Todas as águas do nosso planeta, incluindo as subterrâneas e os líquidos do corpo humano e das plantas, seguem fluxos conforme a Lua. Na Lua Minguante, os fluidos estão fraquíssimos, como que carregados de elétrons sutis e deletérios, que vão se purificar nas águas dos lagos, rios e mares. Na fase minguante da Lua, até os vegetais recebem sobre a seiva os fluidos impuros, carregados, fracos e "envenenados". Nessa fase não se devem colher as ervas terapêuticas nem as utilizar para finalidades mediúnicas. Os corpos, no plano material, crescem na Lua Crescente, atingem seu apogeu na Cheia, estacionando na Lua Minguante.

Tronos da prata são lunares, pois atuam preferencialmente à noite. A prata simboliza mistério e introversão, o inconsciente. A prata ou *argentum* é um subproduto do chumbo e significa "brilhante". Ela representa a Lua, a noite, o secreto, o misterioso, a força da vida em seu aspecto oculto. É símbolo do reino do inconsciente, o mundo da alma, e é tida como um princípio feminino lunar, passivo e branco, em contraste com o ouro, considerado solar, extrovertido, amarelo, ativo e masculino. É um metal do elemento água e do raio lunar, que estimula a exploração dos aspectos mais profundos do eu e da Natureza.

A prata é um metal calmante; age como um portal para o subconsciente e para o inconsciente e ajuda a serenar e a explorar os reinos interiores profundos da emoção e da intuição e a abrir os sentidos da mediunidade e da sensitividade. A prata é de Nanã.

Esse metal é um excelente agente antibacteriano e antiviral, pois pode estimular o sistema imunológico. Além disso, a prata é equilibradora para mulheres com desequilíbrio hormonal, atuando como inibidora e bloqueadora da sexualidade. Adornos de prata na Lua Nova são neutros, na Lua Crescente são condensadores de energias, na Lua Cheia são irradiadores de energia e na Lua Minguante são absorvedores de energias, humanas inclusive.

Ametrina

A ametrina, da família do quartzo, é uma combinação harmoniosa dos minerais ametista e citrino, na mesma pedra. Seu uso propicia a proteção do campo áurico de seu usuário, purificação de suas energias, elevação do espírito e pode auxiliar muito no abandono de hábitos ruins e vícios. É Mineral de Nanã.

Manter a ametrina na mesa de trabalho ou ao lado do computador, onde se trabalha com a mente, é muito benéfico, pois ela harmoniza espiritualidade e mente, criatividade e *insights*. Ela ajudará a mente a se manter criativa, clara e energética. O uso da ametrina ajuda a superar os medos, estimula o metabolismo e ajuda no equilíbrio hormonal. Além disso, encoraja a pessoa a agir de acordo com sua espiritualidade e alinha o plexo solar com a terceira visão e o ori.

Quando a pessoa sente a mente confusa ou falta de concentração, o uso da ametrina pode ajudar em seus esforços mentais, pois estimula o cérebro, auxilia a memória, melhora o aprendizado e a solução criativa para os problemas.

NANÃ – A SENHORA DO MAGNETISMO

Na Ciência Espiritual, magnetismo significa a propriedade atratora e repulsora dos fatores (micropartículas energéticas), que permite a atração dos afins e o afastamento dos contrários. Esse significado se assemelha ao magnetismo estudado na física. O que permite que os afins se atraiam e os contrários se afastem é a propriedade magnética de cada fator.

A energia cósmica tem um lado positivo, de equilibrar, neutralizar e vitalizar a energia universal ou positiva. É a força que nos impulsiona para novas conquistas e, sem ela, nada tem ação ou evolução. Possui também um lado negativo, de alimentar os seres com vícios, ódios, invejas, ambições, etc.

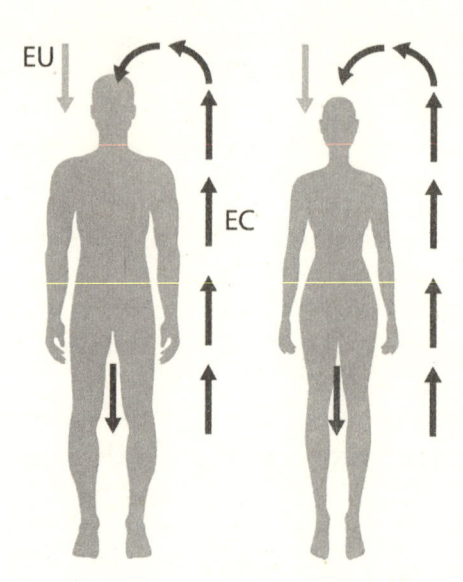

E.U. – Energia Universal (Branca)
E.C. – Energia Cósmica (Preta)

"A energia cósmica sai do solo, entra pelo alto da Cabeça (coroa mental) e sai pelo órgão sexual, depois de vitalizar os órgãos espirituais (racional, consciência, emocional e mental negativos)." (R. Saraceni – *O Livro das Energias*)

A energia cósmica chega do infinito, entra pelo polo negativo do planeta (sul), irradia-o todo e sai do solo pelo outro polo. O mesmo processo ocorre com os seres humanos. A corrente cósmica sai do solo, irradia-nos por inteiro e depois é lançada de volta ao solo, onde uma corrente contínua negativa, de ordem planetária, absorve-a, envia a ao polo negativo do planeta, onde é lançada de volta à corrente cósmica (negativa).

O fator magnetizador é de Pai Oxalá, que imanta os mentais dos espíritos humanos com um magnetismo que os individualiza diante de todos os outros, e isso nada tem a ver com bom ou ruim.

Mãe Nanã, com seu fator decantador, atua por magnetismo; ela tem a propriedade magnética de atuar no mental dos seres e nos meios, retirando os excessos adquiridos durante suas evoluções. Essa decantação se faz por meio de seu magnetismo cósmico que pode ser muito forte e atrator e lhe dá o título de Senhora do Magnetismo.

Os pontos de forças da Natureza são locais onde os magnetismos são mais puros e emissores de Linhas de Força, as quais envolvem todo o Globo Terrestre com poderosas irradiações benéficas vivificantes. Está além da crosta terrestre, alcançam até outras dimensões da vida. Um polo irradiante irradia energias benfazejas em todas as direções; é como um Sol.

"Essas correntes energéticas espirituais fazem circular, no sentido sul-norte, por meio do campo magnético, os fluidos etéreos que purificam a crosta terrestre, e, no sentido norte-sul, os fluidos etéreos que a vivificam. Quando no sentido sul-norte, as correntes contínuas vão purificando o globo e todas as irradiações pesadas são diluídas. São correntes magnéticas espirituais poderosíssimas. Quando no sentido norte-sul, elas vão derramando sobre a crosta fluidos microscópicos que são em grande parte absorvidos pelas plantas durante a noite." (R. Saraceni)

Citaremos alguns exemplos. O mar é irradiador de energias salinas aquático-cristalinas que purificam o planeta e de energias magnéticas que mantêm o globo terrestre imantado. Também limpa e purifica as auras.

As cachoeiras liberam energias minerais-aquáticas. Na queda de suas águas, emitem energias divinas com fluidos regeneradores da aura humana e fluidos astrais curadores. São fontes naturais purificadoras, energizadoras e fortalecedoras do nosso espírito e energizadoras do nosso corpo e do nosso planeta. Energizam também sua contraparte etérica, no plano espiritual e em outras dimensões da vida.

As matas emanam uma energia cujas essências etéreas das suas ervas são muito utilizadas nas curas espirituais. Das árvores emana poderosa radiação que torna o ar saudável e impregna os poros de fluidos purificadores e eliminadores de certas bactérias. Os fluidos etéreos vivificantes das árvores são levados pelas correntes energéticas espirituais, alcançando toda a crosta terrestre e outras dimensões da vida. Elas fazem circular, por meio do campo magnético, no sentido sul-norte, os fluidos que purificam a crosta terrestre e, no sentido norte-sul os fluidos etéreos que a vivificam.

Diferentemente dos outros pontos de forças da natureza, que têm seus lados positivos (Luz) e negativos (trevas), emissores ou irradiadores de energias, os pontos de forças de Mãe Nanã, cósmicos, têm magnetismos atratores, absorventes, não irradiantes.

A Terra tem um campo magnético forte, como se ela fosse uma enorme barra de ímã. Esse campo magnético é criado pelo constante movimento de rotação e um magnetismo proveniente do movimento do seu núcleo. É esse magnetismo que nos mantém firmes na superfície e nos protege das partículas eletromagnéticas que vêm do espaço.

Os cientistas explicam que, além da atmosfera, o magnetismo terrestre é o limite que parece separar o ambiente da Terra do ambiente do espaço. Nanã é a Senhora dos limites, dos estratos, das camadas. Esse magnetismo é o limite entre a magnetosfera, região dominada pelo **campo magnético da Terra,** e o espaço interplanetário, onde campos magnéticos são dominados principalmente pelo Sol. A magnetosfera é um campo magnético que protege nosso planeta da agressividade dos "ventos solares" (matéria emitida pelo Sol) e, caso ela não existisse, não teríamos sequer vida por aqui.

Já vimos que a Divina Nanã, mãe primordial, é portadora de mistérios muito antigos, já adormecidos no Tempo e que, desde o início da criação do Universo, até o contínuo desenrolar da formação da Terra e da vida em nosso planeta, nada acontece sem que ela esteja presente. Ela vivenciou a concepção do Universo e da Terra, com Olorum; viu a água ser juntada à terra, formando o barro, utilizado para gerar a vida no planeta; viu surgir a vida humana em seus elementos água e terra; participou da criação da vida. Do micro ao macrocosmo, tudo se relaciona harmoniosamente, obedecendo às leis gerais criadas pelo Divino Criador.

A Terra é como um grande ímã de dois polos em seu interior, com o polo norte magnético próximo ao polo sul geográfico e o polo sul magnético próximo ao seu polo norte geográfico. Esse campo magnético, apesar de pequeno, é importante em razão do grande volume que ocupa.

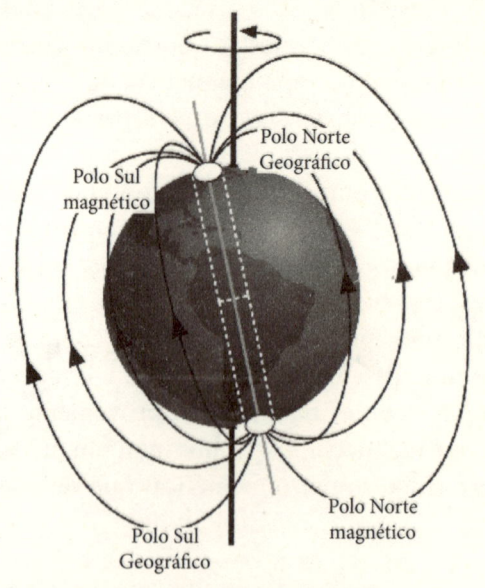

Eixo da rotação da Terra

Físicos descobriram que a polaridade magnética da Terra se inverte mais ou menos a cada milhão de anos e que o campo magnético da Terra sofre grandes distorções, principalmente em virtude da existência de "ventos solares", constituídos de pequenas partículas expelidas pelo Sol. Na magnetosfera, orbitam enxames de partículas carregadas que se movem em largos e enormes cintos ao redor da Terra. O movimento delas é regular porque elas são dominadas pelo campo magnético comparativamente constante da Terra.

As correntes magnéticas que circundam a atmosfera captam as irradiações negativas que se acumulam no espaço e as emitidas pelas mentes humanas, quando vibram angústia, ódio ou dor. Essas irradiações negativas são descarregadas e decantadas nos pontos de forças de Mãe Nanã, pois, do micro ao macrocosmo, Olorum, o decantador supremo, concedeu à Mãe Nanã a responsabilidade sobre o fator decantador, em todos os aspectos da criação.

O Trono aquático-telúrico de Nanã é um trono de magnetismo atrator, que tem por função básica limpar excessos, decantar, concentrar e amadurecer, em todos os sentidos existenciais. Seus pontos de forças, localizados nos lagos, deltas, lagoas, mangues e profundezas, não emanam energia pelo espaço como outros pontos de forças, mas são altamente magnéticos e absorventes, onde são descarregadas todas as irradiações captadas.

"Um polo absorvente capta energias por todos os lados, mas só as irradia numa única direção." (Rubens Saraceni – *O Código de Umbanda* – Madras Editora) O magnetismo de um polo absorvente ou negativo puxa tudo para o seu centro, atraindo todos os corpos, semelhante à gravidade da Terra.

A Divindade Nanã atua por atração magnética, decantando tudo o que é negativo e dando estabilidade ao que restou de positivo nesse processo. Suas ações, por meio dos fatores (essências, energias, magnetismos, etc.), alcançam todo o Universo, do micro ao macrocosmo, pois ela é a responsável feminina na regência da evolução de tudo e de todos. Nanã, magneticamente, é telúrica e seu polo magnético é tão atrativo quanto a gravidade do planeta Terra. Seu poderoso magnetismo negativo é absorvedor de vibrações e energias negativas.

Magnetismo e gravidade se completam, pois são dois dos componentes da gênese. O planeta Terra é como é porque seu magnetismo é absorvedor de energias, as quais são amalgamadas em seu centro neutro.

AS AURORAS BOREAIS E AUSTRAIS

O autor Eduardo De Lascio diz que Nanã vive nas madrugadas, quando o orvalho umedece a terra.

Aurora significa "o nascer do sol", "o raiar do dia", "a que nasce do Oriente" ou "aquela que brilha como o ouro". As auroras boreais e austrais são fenômenos óticos, observados nos céus noturnos, nas madrugadas das regiões polares, causados pelos choques do plasma ou vento solar com partículas da atmosfera, após o contato com o campo magnético da Terra. No hemisfério norte, chama-se aurora boreal e, no hemisfério sul, aurora austral.

O vento solar e a magnetosfera são fluidos condutores de eletricidade com movimento relativo e são capazes de gerar correntes elétricas, as quais originam tais efeitos luminosos belíssimos, que duram apenas alguns minutos.

A atmosfera terrestre captura radiações provenientes das explosões do vento solar e as descarrega no interior do planeta. A lama astral retém essas radiações.

Os cientistas não estão certos do que causa as famosas auroras boreais, ou luzes do norte, e as auroras austrais, ou luzes meridionais. Explicam que, quando as partículas captadas são forçadas para baixo na atmosfera da Terra, elas colidem com outras partículas e muita energia é trocada nesse processo. Com o impacto, essa energia é transformada em luz e resulta em espetaculares auroras, com luzes coloridas, brilhantes e cores variadas.

Sendo Mãe Nanã a Senhora das Madrugadas e do Magnetismo Atrator Decantador, relacionamos a ela os fenômenos magnéticos de tudo e de todos.

Capítulo 19

Oferendas Sagradas para a Divina Mãe Nanã

O ato Sagrado de oferendar as divindades é uma prática milenar e os praticantes de diversas religiões elaboraram e fundamentaram seus ritos ofertatórios, orientados ou inspirados pelos mensageiros espirituais responsáveis pelas sustentações divinas de cada uma delas.

A Umbanda é uma religião que tem seu fundamento assentado nas potências divinas da natureza, os Sagrados Orixás. O Divino Criador, no seu infinito amor e bondade, concedeu aos seres o direito de acessarem e se dirigirem às Suas Divindades Naturais, por meio de Oferendas Sagradas; elas são realizadas nos Santuários Naturais de cada Orixá, localizados nos pontos de força na natureza (mar, cachoeira, matas, estradas, lagos, etc.) e também nos Templos.

No Ritual de Umbanda Sagrada, os Orixás Naturais são os manifestadores dos Orixás Celestiais e estão assentados no lado natural da Criação, ou seja, na natureza. Eles são as divindades mais próximas de nós e seus poderes divinos e sublimes estão disponíveis a todos os seres.

O PODER DIVINO E AS FORÇAS DA NATUREZA NA VIDA DOS SERES

Os Sagrados Orixás são essências vivas da natureza e o fundamento do Mistério das Oferendas Sagradas encontra-se nos princípios (Lei) divinos das sete essências originais. Esses princípios pertencem à ciência divina, que é um estudo formado a partir das energias, dos magnetismos, das irradiações e das vibrações dos elementos da natureza, correspondentes a cada Orixá. Permitem a compreensão dos fundamentos (princípios) que regem essas forças espirituais e poderes naturais ativados nos pontos de forças da natureza. Os Sagrados Orixás e os Guias Espirituais "não comem ou bebem", pois não vivem no plano humano; eles pertencem ao plano divino, natural e espiritual.

Uma oferenda não é um instrumento de "barganha" com os Sagrados Orixás e com os Guias Espirituais de Lei, tanto da direita quanto da esquerda. Uma oferenda é um ato sagrado e de fé, que nos coloca em sintonia vibratória, mental e emocional com as forças espirituais e com os poderes divinos da natureza. É uma prova material da nossa fé e amor, na qual os elementos oferendados são manipulados energeticamente e seus princípios mágicos ativados em nosso próprio benefício, de acordo com o merecimento e a necessidade evolucionista, diante da Lei Maior.

Os elementos naturais ofertados possuem seus princípios mágicos ativos que são extraídos pelo poder ou força invocados. No lado material, as plantas e demais elementos da natureza têm seus princípios ativos medicinais terapêuticos elaborados pelos laboratórios e usados no tratamento de doenças. No lado espiritual, princípio mágico ativo é a capacidade de os elementos naturais atuarem energeticamente sobre o nosso corpo astral. No estado neutro, esses elementos não têm atividade, mas, quando colocados em uma oferenda e devidamente programados com clamores, pedidos, orações, etc., chegam ao poder invocado e retornam ao ofertante ou para quem foi pedida a ajuda, beneficiando-o, conforme suas necessidades e merecimentos. Instalam-se no seu corpo energético e realizam ampla ação de limpeza, purificação, cura, reenergização e regeneração. Removem os negativismos, projetam-se para a fonte emissora deles, podem virá-las, revertê-las, neutralizá-las, recolhê-las e anulá-las.

OS ELEMENTOS (AR, ÁGUA, MINERAIS, CRISTAIS, VEGETAIS, FOGO E TERRA)

Como a Umbanda é uma religião ligada essencialmente à natureza, os elementos, por seus princípios ativos terapêuticos e medicinais, são fundamentais para a concretização das várias ações magísticas das oferendas. As divindades utilizam ativa e potencialmente o "Éter vital" ou "Prana" e as relações energéticas, magnéticas e vibracionais dos elementos, para transformar, transmutar, potencializar, curar e equilibrar qualquer energia, pois são o meio sólido ou material que permite a atuação em nosso benefício das vibrações, fatores e energias irradiados pelas divindades regentes de outras realidades de Deus. Os Princípios Mágicos Ativos dos elementos são ativados magisticamente e manipulados nas suas ações beneméritas.

O Ar, a Terra, o Fogo, a Água, o Vegetal, o Cristal e o Mineral são importantíssimos para os trabalhos na Umbanda, tanto nos rituais e nos atos magísticos como nas manifestações das forças naturais dos Orixás, nos assentamentos e outros, mesmo que pouco se saiba sobre o seu funcionamento. Os elementos podem ser higienizadores, energizadores e fortalecedores do espírito das pessoas, descarregadores de energias negativas, regeneradores do corpo plasmático e curadores do corpo físico.

Os Mistérios Sagrados dos elementos são utilizados para facilitar os trabalhos de descarga energética, para harmonizar ambientes e para o equilíbrio e a cura do corpo astral dos espíritos encarnados e desencarnados, desde o nascimento da Umbanda. Todos os elementos são condensadores de vibrações divinas. Entender um pouco os trabalhos realizados com os elementos é necessário e de fundamental importância para diluir os preconceitos e discriminações com as religiões magísticas naturais, como a Umbanda.

Podemos interpretar os Orixás a partir dos elementos básicos que formaram a matéria, ou seja, o ar, a terra, a água e o fogo, e dos que a concretizaram, como os minerais, cristais e vegetais. Os elementos são fontes naturais inesgotáveis emanadoras de energias naturais elementais e dão permanência à magia, pois são fatores fixadores e mantenedores dela.

PRINCÍPIOS MÁGICOS E ENERGÉTICOS DAS OFERENDAS SAGRADAS

No Ritual de Umbanda Sagrada, existe uma ciência divina sustentadora de seus procedimentos e o ato Sagrado das Oferendas obedece à Lei do Equilíbrio na criação. Muitos são os elementos naturais neutros, mas assim que um ou mais são consagrados a um Orixá ou a um Guia Espiritual, princípios mágicos e energéticos são ativados, tornando-os irradiadores de energias elementais (divinas, naturais e espirituais).

Uma oferenda sagrada é um portal multidimensional, para que as forças e os poderes da natureza se manifestem para nos auxiliar. Ao realizar uma oferenda, uma ligação mental se estabelece entre o eixo magnético do ofertante e a divindade oferendada. Esse "cordão" transportará os princípios energéticos dos elementos que serão ativados no etérico e potencializados, para retornarem por meio do seu eixo e serem absorvidos pelos chacras e internalizados pelos corpos energéticos. Esses princípios vão purificando e neutralizando o que estiver negativo, reequilibrando e energizando todo o ser, para, em seguida, irradiar as energias elementarizadas para todos os outros sentidos da vida.

Tudo pode ser explicado sob a luz da ciência divina! Conhecer os fundamentos por trás de cada prática e ato ritualístico trará cada vez mais confiança e segurança, para que os umbandistas recorram às forças da natureza e aos seus poderes divinos.

PRINCÍPIOS MÁGICOS E ENERGÉTICOS DE ALGUNS ELEMENTOS DE NANÃ

Vela lilás – Ao ser consagrada à Divina Mãe Nanã, a chama da vela irradia vibrações transmutadoras que envolvem completamente o ser, decantando emoções e sentimentos negativos que o estão desequilibrando e, consequentemente, absorve as fontes geradoras, cordões e seres negativos ligados a esse processo. Realizada a purificação, as irradiações ígneas se concentram, magnetizam e energizam seu mental e seus campos energéticos, positivando-os. Projetam-se para todos os sentidos da vida, transformando e regenerando ao redor do ser, e às suas ligações espirituais, naturais, divinas e humanas, beneficiando sua evolução.

Vela branca – Ao ser consagrada à Divina Mãe Nanã, suas irradiações racionalizadoras envolvem completamente o ser, purificando, decantando as energias emocionais que o estejam desestabilizando, para então iluminar, revitalizar, estabilizar, tranquilizar e reconstituir seu mental, projetando-se para seus corpos energéticos, harmonizando, vitalizando, restaurando e desintoxicando-os, auxiliando no equilíbrio emocional, fortificando seu racional e propiciando a cura de determinadas doenças físicas, cuja causa se encontra nesses corpos.

Água – A água é o elemento primordial da Divina Mãe Nanã e, ao ser consagrada a ela, seus fatores são ativados, fluidificando-a magneticamente com suas vibrações curadoras, aliviadoras, higienizadoras, desintoxicadoras, descontaminadoras, etc., restaurando e regenerando a saúde energética, emocional, racional, espiritual e física, decantando as energias e vibrações nocivas e deletérias, concentradas nos campos energéticos e nos organismos dos seres. A água é a melhor condutora e distribuidora de energias eletromagnéticas existente no plano humano e é um poderoso condensador energético. É por essa qualidade que facilmente absorve e concentra as irradiações divinas e espirituais projetadas para ela. Quando ingerida, a água transmite suas emanações energéticas medicinais e vibracionais para os campos energéticos e órgãos vitais dos seres.

Beterraba – Ao ser consagrada à Divina Mãe Nanã, abre-se um portal natural vegetal no etéreo, de onde se irradia uma energia aquática vermelha-escura, que se projeta e adentra no mental do ofertante e se espalha pelos seus corpos energéticos. Realiza uma higienização, descontaminando e absorvendo acúmulos energéticos negativos, desintegrando vibrações mentais deletérias e nocivas, decantando cordões emocionais desequilibradores, neutralizando formas-pensamento, miasmas e larvas astrais. Em seguida, irradia outra energia aquática, de cor violeta, que se projeta, envolvendo completamente o ser, regenerando, cicatrizando, reconstituindo, transmutando e energizando seu mental e corpos espirituais, curando e repondo perdas energéticas, desintoxicando e promovendo o fluir de vibrações e energias medicinais que fortalecerão seu sistema imunológico energético, nutrindo e equilibrando seu mental, espiritual, emocional e órgãos vitais.

Batata-doce roxa – Assim como a beterraba, a batata-doce roxa também é uma raiz regida pela Divina Mãe Nanã, que, ao ser consagrada, irradia uma energia líquida arroxeada "anti-inflamatória", que adentra no mental do ofertante, neutralizando criações mentais enfermiças, elementos astrais contagiosos, fluidos mórbidos, expurgando vibrações tumorais e energias sanguíneas, provenientes de magias negativas. Ela age desintoxicando, descontaminando e regenerando seu campo astral, etérico e mental, recolhendo e libertando seu organismo de todos os elementos e energias nocivas à sua saúde e evolução. A seguir, irradia uma vibração altamente "nutritiva", revitalizando e revigorando seu mental e corpos energéticos, fortalecendo seu sistema de autodefesa energética, tonificando seu racional, equilibrando seu emocional e, por consequência, vitalizando seus órgãos vitais, aumentando sua disposição.

Berinjela – Ao ser consagrada à Divina Mãe Nanã, o princípio mágico e ativo de sua casca é ativado e uma vibração de cor arroxeada adentra no mental do ofertante, absorvendo todas as energias, seres negativos e projeções mentais e elementais que estejam desequilibrando e paralisando seus sentidos e sua evolução, recolhendo e transmutando tudo e todos ligados a ele. Em seguida, a partir de sua polpa, uma essência aquática, caldo energético vegetal, envolve-o completamente, descontaminando, desintoxicando, higienizando e regenerando seus corpos energéticos, remineralizando, restaurando, equilibrando e fortalecendo seu mental, racional e emocional, possibilitando sua retomada evolutiva, de forma saudável, em todos os sentidos da vida.

Guiné – Ao ser consagrado à Divina Mãe Nanã, abre-se um portal natural e, por meio dele, irradiações vegetais se projetam, adentrando no mental do ofertante, espalhando-se para seus corpos energéticos, recolhendo e absorvendo sobrecargas energéticas e espirituais racionais ou emocionais negativas, eguns e espíritos trevosos. Altamente magnético, esse portal vegetal atrai seres negativos sustentadores das atuações que estejam desequilibrando o ser, sejam provenientes de magias negativas elementais ou projeções mentais. Realizado o recolhimento, o portal se fecha e abre-se um portal propiciatório e uma energia elemental vegetal que envolve completamente o ofertante, desbloqueando seus corpos e repondo as perdas energéticas sofridas, restaurando-o.

Babosa – Ao ser consagrada à Divina Mãe Nanã, abre-se um portal natural curador e, por meio dele, uma irradiação aquática vegetal "gelatinosa" se projeta, adentrando no mental do ofertante, desintoxicando, desinfetando, desinflamando, descontaminando-o dos fluídos tóxicos acumulados. Também neutraliza fontes irradiadoras de energias deletérias e virais, anulando miasmas e parasitas de fundo magístico ou energético-emocional, absorvendo e aprisionando seres negativos e desequilibrados, que estejam corroendo sua estrutura defensiva e sugando energias vitais, enfraquecendo-o e causando enfermidades. Recolhe espíritos sofredores, curando-os e encaminhando-os. Cicatriza, regenera e fortalece o sistema imunológico energético, gerando uma "camada" protetora e refrescante.

Alho roxo – Ao ser consagrado à Divina Mãe Nanã, uma essência vegetal ácida, "ardida e amarga", projeta-se para o mental de seres negativos, tais como quiumbas, eguns, espíritos vampirizadores, obsessores, etc., que estejam ligados, direcionados e drenando as energias vitais do ofertante. Essa essência vegetal vai decantando, purificando e depurando-o completamente de seus negativismos, absorvendo todas as energias e vibrações densas, tóxicas e infectocontagiosas, desintoxicando, desinfetando e eliminando bactérias nocivas, miasmas e parasitas energéticos. Em seguida, abre-se um portal vegetal e dele se projetam vibrações altamente curadoras, que envolvem completamente o ofertante, regenerando seu mental e corpos energéticos, fechando aberturas e feridas de seu duplo etérico. Essas vibrações vão higienizando e desbloqueando seus chacras, auxiliando na circulação de fluidos benéficos, repositores, fortalecedores e vitalizadores. Nos espíritos sofredores, atuam curando seus corpos plasmáticos, para, em seguida, encaminhá-los.

Frutas – De uma forma geral, no etérico, cada fruta abre uma fonte geradora de energias elementais vegetais e cada Orixá possui seu elemento natural. As frutas são em si portais naturais e, em oferendas, muitas delas são compartilhadas por diversos Orixás e Guias Espirituais. No astral, o que diferencia uma fruta da outra são os princípios mágicos e energéticos ativados por quem recebe a oferenda. Ao serem consagradas à Divina Mãe Nanã, os princípios ativados nas frutas ofertadas terão a correspondência vibracional e energética de Nanã.

A pera, de acordo com Pai Rubens Saraceni, no livro *Lendas da Criação*, é a fruta simbólica da nossa Divina Mãe Nanã. Além do seu formato que lembra um útero, ela possui mais de 80% de água em sua composição. Em outro capítulo, comentamos que no corpo feminino Nanã rege o útero e que a água é seu elemento primordial. Isso justifica e fundamenta a pera como fruta simbólica dessa Mãe.

Quando consagrada, abre-se um portal natural aquático-vegetal e dele se projetam energias elementais que adentram no mental do ofertante, absorvendo todas as sobrecargas energéticas e espirituais negativas. Além disso, recolhe os espíritos e seres sustentadores dessas atuações nocivas, que estejam enfraquecendo, adoecendo, intoxicando e desequilibrando seu mental, seus corpos energéticos e seus organismos espiritual e físico, promovendo uma higienização, combatendo miasmas, parasitas energético-emocionais, elementos e vibrações tóxicas, virais e tumorais.

Após todo o processo depurador e decantador, uma fonte de energia aquático-mineral envolve completamente o ofertante, fortalecendo e apaziguando seu mental, seus corpos energéticos e seu emocional, tonificando e remineralizando seu organismo energético, espiritual e órgãos vitais, renovando sua imunidade energética, espiritual e física.

Por analogia, frutas de colorações arroxeadas também pertencem e são ofertadas à Orixá Nanã, tais como ameixa-roxa, amora, figo, framboesa e uva rosê. Ao serem consagradas a essa Divina Mãe, geram fontes de energias elementais vegetais, de acordo com os seus fatores e funções na criação, beneficiando o ofertante.

Observação: Frutas doces e frutas ácidas ou azedas só podem ser oferendadas juntas se não estiverem cortadas. Caso cortadas, colocar só as doces ou só as azedas.

Outras ervas – Já comentamos alguns princípios energéticos da babosa e do guiné. Toda erva é portal natural para os reinos elementais vegetais e suas seivas divinas e espirituais irradiam, auxiliando os seres, quando devidamente consagradas aos Sagrados Orixás e Guias Espirituais que manipulam suas essências.

No comércio especializado encontramos a maioria dos elementos naturais para a elaboração das oferendas e das ativações magísticas que apresentaremos posteriormente, como frutas, raízes, flores, ervas, etc. Em se tratando das ervas, sugerimos, quando possível, que elas sejam colhidas frescas.

Elaboramos uma oração, para ser realizada no ato da colheita das ervas, para banhos, chás, limpezas energéticas ou ativações magísticas e religiosas.

Ajoelhe-se diante da planta, eleve seus pensamentos e diga mentalmente:

"Eu saúdo as sagradas forças regentes desta erva e peço licença aos Senhores Guardiões dos Mistérios e aos Seres Elementais Vegetais para retirar parte dela. Peço também que as vibrações divinas, naturais, espirituais e energéticas sejam devidamente ativadas, ao serem manipuladas para o meu benefício (ou do semelhante).

Agradeço-lhes, respeitosamente, Senhores regentes dos reinos vegetais. Amém!"

Se possível, colha suavemente com as mãos; caso contrário, utilize um instrumento cortante, retirando somente a quantidade necessária. Após a utilização, devolva as folhas, depositando-as na terra de um vaso ou jardim, aos pés de uma árvore, e agradeça a gentileza da natureza e dos seus Regentes.

Dentre outras, são ervas correspondentes à Divina Mãe Nanã a quaresmeira, o espinafre, o peregum-roxo, o manacá, a folha de mostarda, a folha-da-costa ou saião, as lágrimas-de-nossa-senhora, o assa-peixe, a hortelã, as folhas de bananeira, a vassourinha-doce, a erva-de-bicho, a alfavaca, a camomila, a sálvia, a macela, a colônia, a sete-sangrias e a arnica.

O peregum-roxo ao ser consagrado à Divina Mãe Nanã, irradia para o mental do ofertante "filetes" vegetais arroxeados, em infinitas quantidades, realizando uma transmutação de seus corpos energéticos, emocionais e espirituais. Em seguida, são projetados ao seu exterior, penetrando e envolvendo seres e trabalhos espirituais negativos, anulando, desinfetando, desintoxicando, desintegrando e recolhendo energias tóxicas e desequilibradoras, rompendo cordões energéticos e negativismos que estejam atuando contra ele, suas forças divinas e espirituais, seu lar, seus familiares, templos e todos os sentidos da sua evolução.

Quanto à Camomila, ao ser consagrada, abre-se um portal vegetal e dele irradiações balsâmicas se projetam para o mental do ofertante, regenerando e apaziguando seus corpos energéticos e seu mental. Expurga energias negativas e nocivas à sua saúde mental, emocional e física, equilibrando e apaziguando-o com suas ligações ancestrais, forças naturais e espirituais, harmonizando seus sentidos e todos ligados a ele. Curadora de almas, no espiritual a essência da camomila atua acalmando o mental e tranquilizando o emocional dos espíritos sofredores, aliviando suas dores e sofrimentos, libertando-os.

As **flores** são portais vegetais naturais. Seus princípios energéticos encontram-se também em sua fragrância e, ao serem consagradas aos Sagrados Orixás, abre-se uma fonte geradora de energias essenciais. Os pigmentos que as distinguem são condutores de energias minerais e, ao serem ativados no etérico, criam um campo energético vegetal-mineral que se projeta, descarregando, curando e higienizando os campos energéticos, sutilizando e tornando-os receptivos às energias positivas, para todos os sentidos da vida do ofertante. A Divina Mãe Nanã recebe em suas oferendas flores do campo, lírios e crisântemos roxos ou lilases e brancos.

Todos os elementos, quando colocados em um espaço sagrado, adquirem poderes magísticos. O próprio **alguidar** também tem sua função no ato sagrado de oferendar, pois é um recipiente feito de barro (argila) e traz em sua composição os elementos naturais terra e água. É um instrumento sagrado, responsável pela fixação e concentração (terra) dos princípios energéticos dos elementos depositados em seu interior, no qual serão ativados. O teor de água que ele recebeu em seu preparo permitirá o fluir das energias, que serão manipuladas por quem receber a oferenda.

As **pembas**, elementos mágicos minerais, muito utilizados pelos Guias Espirituais na Umbanda para riscarem seus pontos e escritas mágicas, ao serem depositadas em uma oferenda sagrada, realizam trabalhos específicos, como, por exemplo, a dissolução de condensações energéticas negativas, de acordo com a vibração e a função da força e do poder que as receberem no plano natural.

As **fitas** se projetam como feixes luminosos para os corpos energéticos e trabalham o emocional desequilibrado, em virtude de alguma magia negativa ou proveniente dos próprios sentimentos negativos, que desarmonizaram o ofertante em algum sentido da vida.

A **toalha** abre o portal para a realidade (dimensão) natural dos Sagrados Orixás e cada cor irradia um tipo de energia correspondente à força ou poder invocado. O solo também pode ser forrado com folhas de bananeira ou ervas regidas por Nanã.

A Divina Mãe Nanã recebe em suas oferendas rituais **bebidas**, como vinho tinto suave, licor de amora, licor de framboesa, licor de morango, caldo de figo ou ameixa e chás de hortelã, camomila, macela, etc. Ao serem consagradas, ativam os princípios energéticos aquático-vegetais, realizando trabalhos específicos de acordo com a função espiritual de cada uma.

Observação: Em uma oferenda, não devem ser colocadas bebidas com teores alcoólicos diferentes, como vinho, cerveja e aguardente; se colocar uma bebida, não acrescente outra.

Sob a regência dessa Mãe Orixá, temos também a **moringa**, que é um jarro de barro bojudo, com o gargalo estreito, e a **cabaça**, elementos e instrumentos sagrados utilizados em seu assentamento e em ativações magísticas.

O **mel**, o **azeite de dendê** e o **azeite de oliva** também são elementos potencializadores energéticos utilizados nas oferendas sagradas à Divina Mãe Nanã. Entre diversos outros princípios, o **mel** é cauterizador dos corpos energéticos e atrator de vibrações propiciatórias de saúde, abertura de caminhos, etc. O **azeite de dendê** é atrator, purificador e retentor de magias, seres e elementos negativos, além de estimulador energético e vitalizador. O **azeite de oliva** limpa, alinha e desbloqueia o mental e os corpos energéticos; é desagregador e diluidor de energias negativas; regenera os sentidos do ofertante, permitindo melhor afinização com o plano astral superior.

Uma oferenda é a criação no lado humano da vida de um espaço mágico (portal), onde se depositam dentro dele os elementos afins com as forças e os poderes espirituais, naturais e divinos, para que possam auxiliar os seres nos mais diversos aspectos de suas vidas. Por isso, é fundamental que o ofertante delimite a oferenda com elementos ritualísticos, como velas, ervas, flores, fitas, cristais, tecidos, pós, raízes, folhas, sementes, líquidos, pembas, pedras e outros, que devem ser distribuídos geometricamente ao redor do alguidar, ou seja, em círculos, triângulos, cruz, quadrado, losango, etc., criando o espaço sagrado, dentro do qual toda a ação magística acontecerá. Cada oferenda é um espaço mágico que, ao ser delimitado por uma figura geométrica feita com um dos vários elementos, se torna um portal de passagem de mão dupla, pelo qual interagem os três estados da criação.

Na natureza, tudo é energia e vibração divinas, desde que seja colocado em ação em um ato ofertatório, de forma sagrada. O que comentamos a respeito dos princípios energéticos de alguns elementos oferendados à Divina Mãe Nanã pertence a uma ciência espiritual que obedece à determinação do Senhor de todos os mistérios, que é Deus!

No Ritual da Umbanda Sagrada, existe uma ciência energética e divina por trás de cada prática e ato ritualístico. Conhecer como as forças da natureza e os poderes divinos atuam em nosso benefício proporcionará ao ofertante maior segurança e confiança, ao realizar oferendas nos santuários naturais regidos pelos Sagrados Orixás, já que é por eles que as energias elementais chegam até nós.

Se procedermos de uma forma sagrada, com fé, amor, reverência e muito bom senso, como exige a Lei Regente do Mistério das Oferendas Sagradas, os lados divino, natural, espiritual e suas forças e poderes irão atuar acelerando nossa evolução em todos os sentidos da vida.

PROCEDIMENTOS SAGRADOS NOS SANTUÁRIOS NATURAIS

A Umbanda não é uma religião de dogmas, mas sim de procedimentos religiosos. O ato sagrado de oferendar na natureza os Divinos Orixás e os Guias Espirituais, da direita e da esquerda, obedece a um ritual magístico. Proceder de modo sagrado nos santuários naturais é dever de todo umbandista, pois a natureza é o Templo Sagrado da Umbanda.

O umbandista deve ter essa consciência de que a Natureza é sagrada e de que os Orixás, com certeza, não aprovam a poluição ambiental que determinadas oferendas provocam nos seus pontos de forças, dando margem às críticas, que acabam se estendendo a todos os umbandistas.

É dever de todos os praticantes da Umbanda adotarem práticas religiosas conscientes, alinhadas com a necessidade urgente de conservação do meio ambiente. Objetos plásticos e de vidro precisam ser substituídos por materiais degradáveis, como, por exemplo, coités de cascas de coco ou de cabaças. É dever não usar pratos, copos, garrafas e outros materiais não degradáveis e sempre levar sacolas para recolher de volta o que não pode ser deixado na Natureza. Além disso, é necessário extremo cuidado para não provocar queimadas. Ao oferendar cigarros, charutos e velas, procurar espaços abertos nas matas e jardins e nunca colocar velas junto às árvores.

Sugerimos que, ao oferendar na Natureza, tudo seja recolhido após 30 minutos. A oferenda não perderá a eficácia, pois esse é o tempo ritualístico necessário para que os elementos sejam plasmados e ativados no astral, pelos poderes e forças que os recebem.

Verdadeiros umbandistas não prescrevem oferendas em esquinas urbanas e, se as prescreverem na Natureza, os ofertantes deverão ser muito bem orientados quanto à preservação ambiental e quanto aos locais apropriados para as mesmas. Hoje, especialmente na Grande São Paulo, há locais, como o Santuário Nacional de Umbanda, o Vale dos Orixás e o Cantinho dos Orixás, apropriados, amplos e organizados para essa finalidade.

Pai Rubens Saraceni nos diz: "As forças e os poderes naturais estão assentados no plano natural da criação e muito podem fazer por nós se soubermos nos dirigir até seus santuários naturais, se soubermos como interagir espiritualmente com as forças espirituais, constituídas por seres da natureza, e se soubermos como nos servir dos seus poderes, irradiados o tempo todo por seus manifestadores naturais e condensáveis em determinados elementos denominados como elementos mágicos ou possuidores do axé das Divindades Naturais". (*Fundamentos Doutrinários da Umbanda* – Madras Editora)

Sabemos que há várias vertentes na Umbanda e que em cada uma se pratica sua forma de cultuar os Sagrados Orixás e Guias Espirituais de acordo com a doutrina e conhecimento que adquiriram. Vamos descrever os procedimentos básicos, para aqueles que queiram, já que as forças e os poderes da natureza estão disponíveis a todos, umbandistas ou não e, assim, possam com segurança se beneficiar das Oferendas Sagradas às Divinas Mães Nanãs, que apresentaremos posteriormente.

PROCEDIMENTOS BÁSICOS

Pelo menos, nas 24 horas anteriores ao dia da oferenda, abstenha-se de bebida alcoólica, contato sexual e alimento animal (carnes). Esse procedimento visa a um isolamento energético, para que o ofertante não esteja impregnado com outros tipos de energia e possa mais facilmente sintonizar-se e absorver vibratoriamente as irradiações divinas, naturais e espirituais no ato ofertatório.

No dia reservado, antes de ir à natureza, tome um banho com ervas de Nanã. Após o banho, e de preferência com uma vestimenta branca e cabeça coberta com lenço branco ou filá, firme uma vela branca ao Anjo da Guarda e uma vela lilás para a Divina Mãe Nanã, pedindo-lhes bênçãos e proteção. Caso seja sacerdote ou médium umbandista, recomenda-se que firme também uma vela para o Guia Espiritual Chefe e outra para o Senhor Exu Guardião ou para o Exu de Lei, a fim de que nenhuma interferência negativa impeça o ato ofertatório.

Ao chegar ao ponto de forças escolhido, ajoelhe-se e cruze o solo por três vezes, reverenciando, saudando e pedindo licença para todos os poderes divinos, naturais e espirituais que regem e guardam aquele domínio, para ali permanecer e trabalhar. Em seguida, no lado esquerdo do local, abra uma oferenda simbólica ao Senhor Exu Guardião ou à Pombagira, Exu Mirim ou Pombagira Mirim, daquele ponto, saudando suas forças, pedindo licença, força e proteção para oferendar e ativar os poderes da Orixá Nanã. Essa oferenda simbólica poderá conter uma vela preta ou vermelha, sete moedas e uma garrafa de sua bebida, que deverá ser derramada, com a mão esquerda, um pouco em círculo à esquerda e à direita ao redor do círculo de moedas. Bata palmas por três vezes (paô), cruze o solo com a mão esquerda, saudando e deslocando-se a seguir para o local da oferenda.[6]

---

6. Para maiores informações sugerimos a leitura do livro *Formulário de Consagrações Umbandistas*, de Rubens Saraceni – Madras Editora.

A oferenda simbólica aos Guardiões dos pontos de força da natureza é Lei no mistério que rege as Oferendas Sagradas. Só após se certificarem de que a finalidade da oferenda é sagrada e de acordo com a Lei Maior é que os Guardiões liberam a passagem para o lado divino, natural e espiritual, onde os poderes e as forças irão receber e manipular os elementos ofertados.

Caso contrário, a oferenda permanece no lado material da criação, onde eguns, quiumbas e espíritos negativos de todo gênero, alimentam-se de emanações etéricas dos elementos provenientes de oferendas profanas.

No local das oferendas, ajoelhe-se e cruze por três vezes o solo, pedindo licença para ali abrir o portal sagrado à Orixá Nanã e, ordenadamente, com a mão direita, vá depositando cada elemento, sucessivamente.

Após tudo devidamente arriado, toalha, alguidar delimitado com velas ou outros elementos, eleve o pensamento a Deus e ao Orixá invocado e faça seus pedidos e a oração sugerida ou a que fluir em seus sentimentos.

Terminado o ato sagrado, cruze o solo por três vezes diante da oferenda, agradecendo a todos os poderes divinos, naturais e espirituais que regem e guardam aquele domínio e peça licença para se retirar.

Afaste-se, reverencie novamente, agradeça, aguarde o tempo ritualístico de 30 minutos, recolha os materiais não degradáveis e retire-se do local.

OFERENDA SAGRADA À DIVINA MÃE NANÃ

Na beira e diante de um lago ou lagoa, faça uma oferenda simbólica ao Senhor Exu Guardião do Lago ou da Lagoa, com sete velas pretas, uma garrafa de aguardente, um charuto e sete moedas.

Estenda uma toalha lilás ou folhas de ervas de Nanã.

Ao redor da toalha ou das folhas de ervas, firme, em círculo, sete velas lilases e sete brancas, intercaladas.

Sobre a toalha ou folhas, coloque sete cabaças em círculo ou três, em triângulo, que podem conter água, chá ou bebidas indicadas anteriormente.

No centro da toalha ou folhas, coloque o alguidar com os elementos de Nanã citados, que podem ser:

Frutas diversificadas ou sete de uma só qualidade. Exemplo: sete peras.

Verduras ou raízes diversificadas ou sete de uma só qualidade. Exemplo: sete beterrabas, que podem ser cruas (lavadas) ou cozidas.

Figo ou ameixa em caldas.

Sobre a toalha ou ao redor, distribua as flores e outros elementos, como pemba, fitas, etc. Caso intua, pode regar os elementos com mel, azeite de dendê ou azeite de oliva, de acordo com o propósito da oferenda.

Com tudo devidamente pronto, de joelhos diante da oferenda, acenda as velas, elevando o pensamento a Deus e, calmamente, faça esta oração:

"Senhor Deus, nosso Divino Criador Olorum! Eu O reverencio com todo meu amor e gratidão e saúdo respeitosamente os poderes e as forças divinas, naturais e espirituais deste Santuário Sagrado. Peço-lhe bênção e licença para evocar e oferendar a Divina Orixá Nanã Buruquê, Senhora regente do Trono Feminino da Evolução. Amém!

Divina Mãe Nanã-yê! Eu a saúdo e reverencio respeitosamente e peço que receba esta minha oferenda sagrada, como prova da minha fé e amor em seu poder divino. Saluba Nanã!

Mãe de toda a criação! Rogo que suas irradiações vivas e divinas, ativem os princípios sagrados e energéticos destes elementos lhe oferendados, consagrando, imantando e potencializando-os, para minha saúde e benefício em todos os sentidos da minha evolução e de todas as minhas ligações ancestrais, divinas, naturais e espirituais.

Senhora da decantação divina! Que seu sagrado mistério nos envolva completamente, neutralizando, descarregando, absorvendo e anulando todas as vibrações mentais, emocionais, espirituais e elementais, que estejam ativadas negativamente, e os seres encarnados ou não ligados a esses processos. Paralise suas ações irracionais e desequilibradas que afetam suas próprias evoluções, bem como a nossa e de todos que estão ligados a nós, transmutando tudo e todos com o seu Poder Divino.

Ó Mãe dos mananciais e das profundezas! Descontamine, desintoxique, limpe, lave e higienize com suas águas sagradas todo meu ser, decantando meus vícios, negativismos, excessos de emotividade e paixões que atrasam minha evolução. Recolha minhas tristezas, mágoas, angústias e aflições que fragilizam, ferem, adoecem e desequilibram meu emocional e corpo físico, impedindo, assim, que eu caminhe saudável e racionalmente. Cure-me, misericordiosa Orixá!

Que, na força do seu Tempo, minha fé seja racionalizada.

Que, nas profundezas de seus rios, seja decantado o pântano do ódio e das paixões.

Que, na fertilidade de suas algas, seja decantado todo limbo da ignorância

Que, em seus poços escaldantes, seja decantado e purificado todo negativismo.

Que, na força de suas torrentes, seja decantado tudo que nos paralisa.

Que, nas profundezas dos seus lagos, seja decantando tudo que nos atrasa.

Que, nas profundezas dos mares, seja decantado todo lodo de nossas vidas.

Envolva-me em Seus Sagrados braços, Vovó Orixá, para que eu consiga ouvir em mim o silêncio de sua sabedoria e aprenda a caminhar com mais paciência e benevolência; me acalme e me ensine sobre a verdadeira caridade, que iluminará todo meu ser e assim eu possa merecer a sua bênção e proteção, dia a dia, passo a passo, por toda a eternidade.

Ampare-me no âmago divino de suas entranhas, para que eu renasça, Mãe, alicerçado em princípios sólidos e divinos. Renove com suas irradiações evolucionistas todos os sentidos da minha vida, minhas forças espirituais e caminhos materiais. Que, a partir deste momento sagrado, sua Luz me conduza com equilíbrio, serenidade e harmonia. Ajude-me, Mãe, a vencer com ponderação e sabedoria todos os desafios que se apresentarem nesta caminhada, rumo ao Divino Pai Olorum, Deus! Abençoe e ilumine todas as minhas ligações e proteções espirituais, naturais e divinas, fortalecendo-as.

Agradeço infinitamente, Divina Mãe Nanã, a sua bênção e amparo em minha trajetória evolucionista. Salve Senhora de todas as Senhoras!

Salve Nanã Buruquê! Saluba Nanã!"

Afaste-se, reverencie novamente, agradeça e aguarde o tempo ritualístico (30 minutos); recolha os materiais não degradáveis e retire-se do local.

Esta oferenda pode ser utilizada para todas as Divinas Mães Nanãs, sendo o diferencial a oferenda simbólica para o Guardião ou Guardiã, que deve estar de acordo com os seus respectivos pontos de forças.

Capítulo 20

Ativações Religiosas e Magísticas na Irradiação da Divina Mãe Nanã

O poder de Mãe Nanã é magnífico. Ela é a "única Orixá feminina que possui em si axés de todas as outras mães Orixás geradoras das coisas existentes na morada exterior de Olodumaré." (Rubens Saraceni – *Formulário de Consagrações Umbandistas* – Madras Editora)

BENZIMENTO NA IRRADIAÇÃO DE MÃE NANÃ
Providenciar:
Um rosário ou colar, feito com sementes de lágrimas-de-nossa-senhora.
Uma vela palito lilás ou branca.
Uma tigela pequena de vidro ou de barro, com água.
Um pires com azeite de oliva.
Um ramo de erva de vassourinha-doce, hortelã, guiné ou outra, de acordo com a intuição, associada a Nanã.

Próximo à pessoa que receberá o benzimento, em cima de uma mesa, chão ou diante de um altar, abra o rosário ou colar de sementes e, no centro dele, coloque a tigela com água, o ramo de erva, a vela e o pires com azeite.

Acenda a vela e, de joelhos, faça esta oração:
"Senhor Deus, nosso Divino Criador Olorum, peço a Sua bênção e solicito que me faça instrumento de Sua vontade divina para auxiliar meu semelhante, por meio da Sua Divindade, a Orixá Nanã Buruquê-yê. Amém!

Divina Mãe Nanã-yê, eu a saúdo respeitosamente e peço que ative estes elementos com suas irradiações divinas curadoras e benzedoras, potencializando e energizando-os, para que sua luz e poder sejam movimentados para auxiliar e abençoar essa pessoa (diga o nome). Amém!"

Pegue o rosário ou colar de sementes com as duas mãos, coloque sobre o pescoço da pessoa, mentalizando que ela está sendo envolvida pela luz e poder da Divina Mãe Nanã.

Levemente, umedeça o ramo da erva na água, posicione no alto da cabeça da pessoa e mentalmente peça:

"Divina Mãe Nanã! Envolva completamente esta pessoa (diga o nome), afastando, limpando, varrendo, anulando, desintoxicando todo seu corpo astral de acúmulos energéticos negativos e nocivos à sua saúde e equilíbrio, livrando-a de todos os males e infortúnios, sejam espirituais, emocionais ou físicos. Amém!"

Faça o sinal da cruz com a erva três vezes sobre a cabeça e desça, passando levemente sobre o seu corpo, três, cinco ou sete vezes, na frente e nas costas, mentalizando limpeza, decantação, purificação, varredura de toda energia e espíritos negativos.

A seguir, coloque o ramo de ervas na tigela com água. Pegue o pires com azeite e, com a ponta dos dedos, faça três cruzes no alto da cabeça, na testa, na garganta, no meio de peito, no umbigo, nas palmas das mãos e nas solas dos pés, mentalizando desbloqueio dos chacras e cura para seus corpos energéticos e órgãos vitais.

Com as duas mãos, retire o rosário pelos pés da pessoa, devolvendo-o para a posição inicial, circulando os elementos.

Volte-se para a pessoa e lhe diga: "Irmão, em nome de Deus, nosso amado Criador e da Divina Mãe Nanã, você está cruzado, limpo, reenergizado e abençoado, para seguir em paz, saudável e afortunado em todos os sentidos da sua vida. Que as divinas forças amparem e iluminem seus caminhos, hoje e sempre. Amém!"

Mentalmente, agradeça a Deus e à Divina Mãe Nanã, pela caridade e oportunidade de ser um instrumento de bênção na vida de seu semelhante. Aguarde a vela se consumir, despache a erva e a água em água corrente e o que restar do óleo na terra. Envolva o rosário em um tecido branco, para utilizá-lo em outros rituais de benzimento.

Caso o benzimento seja para uma criança, coloque-a sentada no colo do responsável. Para jovens ou adultos, peça que permaneçam em pé, diante de você. Se for para o próprio filho, poderá aplicar, por exemplo, enquanto ele estiver dormindo.

Para benzer alguém a distância, coloque no centro do rosário a foto, o nome e endereço completos ou uma peça de roupa, mentalizando-a e seguindo o procedimento, com a erva e o azeite.

É de suma importância que o "benzedor", antes do ritual, firme o Anjo da Guarda e tome um banho de ervas. No caso de ser umbandista, acenda uma vela ao seu Orixá e ao seu Exu de trabalho, pedindo bênçãos e proteção para o trabalho a ser realizado.

ÁGUA FLUIDIFICADA, NA IRRADIAÇÃO CURADORA DE MÃE NANÃ

Providenciar:
Uma moringa de barro, com água.
Uma toalhinha branca de tamanho suficiente para cobrir a moringa.
Sete velas lilases.
Água.

No tempo, quintal de um Templo, casa ou na natureza, colocar a moringa no solo, terra, e ao redor dela firmar as sete velas lilases. Com a mão direita, em círculos, distribuir uma quantidade de água até formar um pequeno "lamaçal".

De joelhos, com a cabeça coberta com um lenço ou filá branco, acenda as velas em sentido horário; eleve o pensamento a Deus e faça esta oração:

"Eu saúdo e reverencio os Senhores Guardiões e os Orixás Regentes do Tempo e lhes peço licença e proteção para consagrar estes instrumentos e elementos na força da Divina Mãe Nanã. Amém!

Divina Orixá Nanã Buruquê-yê! Eu a saúdo respeitosamente e peço que, no domínio do Tempo, das águas e de sua lama sagrada, suas irradiações vivas e divinas consagrem, imantem e potencializem esta moringa, para que ela se torne um instrumento sagrado permanente, concentrador e magnetizador constante de fluidos aquáticos curadores, aliviadores, regeneradores, revitalizadores e renovadores, que será utilizada como recipiente para a água fluidificada, que auxiliará e beneficiará minha saúde energética, espiritual, emocional e física, quando ingeridas por mim ou por outras pessoas. Saluba Nanã!"

Com as duas mãos voltadas para o círculo, faça este clamor:

"Ó Mãe Divina! Magnetize esta água com suas vibrações benfeitoras, impregnando-a com energias terapêuticas, que serão transmitidas para meu campo magnético, organismo espiritual, mental, emocional e físico. Que, ao ser ingerida por mim ou por outra pessoa, esta água purifique e limpe nosso íntimo de todas as amarguras, mágoas e ansiedades. Direcione, Mãe, seus fluidos curadores, decantando a enfermidade que aflige nosso espiritual e físico, auxiliando-nos, Orixá Misericordiosa. Agradeço imensamente sua intervenção divina e bênçãos em nossas vidas. Saluba Nanã!"

Deixe a moringa no local até o término da queima das velas. Retire-a e cubra-a com a toalhinha branca. A água deverá ser bebida em pequenos copos, duas ou três vezes ao dia, mentalizando a cura com fé e confiança.

Busque consumir o conteúdo da água no prazo de três dias. Caso sinta que necessita dar uma sequência maior no tratamento, acrescente mais água e, somente com as mãos direcionadas à moringa, peça a Divina Mãe Nanã que remagnetize e reenergize a água com seus fatores divinos curadores.

Se for para outra pessoa, pode utilizar a mesma moringa, porém faça o clamor e refira-se a ela, acrescentando nome completo; cada ativação é de caráter particular.

Mantenha a moringa sempre coberta pela toalha, mesmo quando não estiver sendo utilizada. Tal procedimento auxilia e acrescenta na cura, de acordo com o merecimento de cada um diante da Lei Maior e da Justiça Divina e não substitui tratamento médico profissional. Sejamos responsáveis e conscientes de que a espiritualidade ajuda, sim, e muito, mas JAMAIS nos exime de assumirmos a parte que nos cabe pela nossa Vida, que é sagrada!

Sugerimos, também, potencializar e magnetizar "chás". Para isso, basta, no clamor, substituir a palavra água por chá, acender uma vela lilás diante do recipiente que o contém e, de joelhos com as duas mãos direcionadas para os elementos, realizar o clamor ou outra oração que lhe vier à mente ou ao coração.

ATIVAÇÃO PARA DESCARREGO E LIMPEZA ENERGÉTICA DE AMBIENTES NA FORÇA DE MÃE NANÃ

"Dentro de um Templo, residência ou no tempo, coloque uma bacia com água e acrescente um punhado de folhas de hortelã. Ao redor da bacia, faça um círculo com sete velas lilases ou quatro velas brancas em cruz." (Rubens Saraceni)

De joelhos diante do círculo, acenda as velas, eleve o pensamento e faça esta oração:

"Senhor Deus, nosso Divino Criador Olorum! Eu O reverencio com todo meu amor e gratidão e peço-lhe bênção e licença para evocar e ativar os poderes divinos da Orixá Nanã Buruquê-yê. Amém!

Divina Mãe Nanã Buruquê! Eu reverencio respeitosamente o seu poder divino e peço que suas irradiações vivas e divinas ativem este espaço sagrado e as propriedades divinas, naturais, energéticas e espirituais destes elementos. Saluba Nanã!

Mamãe Nanã-yê! Peço que neste espaço consagrado à senhora se abra um ponto de luz irradiador de energias decantadoras, descarregadoras, purificadoras, higienizadoras, desintoxicadoras, desintegradoras de toda energia negativa, vibração mental e emocional, fluidos mórbidos e enfermos, seres negativos e desequilibrados que estiverem ativados e atuando contra mim, contra este local, contra as pessoas que aqui vivem ou adentram constantemente. Que tudo e todos sejam absorvidos, recolhidos, transmutados, regenerados, curados e encaminhados por seus sagrados mistérios, de acordo com o merecimento de cada um.

Clamo, amada Mãe, que suas irradiações curadoras adentrem em meu mental, apaziguando-o, equilibrando meu emocional, regenerando e fortalecendo meus campos energéticos e órgãos vitais. Que suas irradiações evolucionistas me envolvam e se estendam por este ambiente, devolvendo a harmonia, a prosperidade e a saúde energética, emocional, mental e física. Inunde todo meu ser e este local com suas irradiações aquático-vegetais, para que elas fluam, abrindo caminhos em todos os sentidos da vida.

Agradeço, Divina Mãe Nanã, por sua intervenção, proteção e amparo divino em minha jornada evolucionista.

Salve Nanã Buruquê! Saluba Nanã!"

Permaneça por alguns minutos diante do círculo. Após a queima de todas as velas, recolha tudo e descarte na natureza (na terra, aos pés de uma árvore, em um rio, etc.), agradecendo à Divina Mãe Nanã e aos poderes naturais pela caridade e livramento. Derrame a água com hortelã diretamente sobre o solo.

No caso de ser realizado no tempo, cobrir a cabeça com lenço ou filá branco.

Ao término, retire-se do local.

ATIVAÇÃO PARA DESCARREGO DE ATUAÇÕES NEGATIVAS

"Trabalhos de descarrego na força de Mãe Nanã podem ser feitos à volta de moitas de bananeiras, de preferência nas bananas nanicas." (Rubens Saraceni – *Formulário de Consagrações Umbandistas* – Madras Editora)

Do lado esquerdo, faça uma oferenda simbólica ao Exu Guardião do local, com sete velas pretas, um charuto, pinga e sete moedas, pedindo licença para ativar a Divina Mãe Nanã.

Providenciar:

Dois metros ou mais de fitas de cetim lilás e dois metros ou mais de fitas brancas.

Um maço ou vaso de crisântemos roxos.

Uma quartinha de barro, com alça.

Dois litros, ou mais, de água potável.

Ao chegar ao local, com a cabeça coberta por um lenço ou filá branco, ajoelhe-se diante da bananeira e, com os crisântemos nas mãos, eleve-os acima da cabeça e ofereça à Divina Mãe Nanã, colocando-os aos pés da moita de bananeira. Pegue a quartinha, encha de água e faça o mesmo procedimento.

Com o crisântemo e a quartinha aos pés da bananeira, eleve o pensamento a Deus e à Divina Mãe Nanã. Faça esta oração:

"Divina Mãe Nanã! Eu saúdo e reverencio seu poder divino e de todas as forças naturais e espirituais regentes deste ponto de forças e peço-lhe que receba esta humilde oferenda, para que eu possa, na sua força, ser auxiliado e beneficiado. Saluba Nanã!"

Levante-se, pegue com a mão esquerda a fita lilás e um litro de água.

Iniciando com o pé esquerdo, descalço, dê sete voltas anti-horárias na bananeira e, enquanto "gira", vá despejando o conteúdo da água, formando uma lama. Mentalmente, vá pedindo para a Divina Nanã que toda atuação, seres e forças negativos ativados contra você, seus familiares, suas forças espirituais, naturais e divinas, contra seu trabalho espiritual e profissional, sua saúde física, energética, espiritual, emocional e mental, sejam descarregados, absorvidos, anulados, decantados e recolhidos, para não mais atuarem negativamente.

Finalizando os sete giros anti-horários, envolva a bananeira com a fita lilás, dando sete nós, mentalizando em cada um deles o "fechamento" do negativo em sua vida. A seguir, pegue a fita branca com a mão direita e inicie sete giros em sentido horário, despejando a água no solo, com a mão direita. Enquanto circula, mentalizando a Divina Mãe Nanã, peça que abra seus caminhos em todos os sentidos da vida, fertilizando e positivando tudo com as irradiações evolucionistas, para seu crescimento consciencial, fortalecimento emocional, prosperidade espiritual e material, saúde e equilíbrio mental, emocional e físico.

Ao término do sétimo giro, em sentido horário, dê sete nós na fita branca, mentalizando em cada um deles benefícios para sua vida e que os fatores propiciatórios da Divina Mãe Nanã estejam ativados, positivando todos os sentidos da sua jornada evolucionista.

Ajoelhe-se e agradeça à Divina Mãe Nanã e às forças espirituais, divinas e naturais, pela intervenção, proteção e amparo. Salve Nanã Buruquê. Saluba Nanã!

Dê sete passos para trás, começando com o pé direito, cruze o solo por três vezes, agradeça novamente e retire-se.

ATIVAÇÃO PARA CURAR ESPÍRITOS SOFREDORES,[7] NA IRRADIAÇÃO DE NANÃ BURUQUÊ

Providenciar:
Duas folhas de babosa
Quatro velas brancas
Quatro copos de chá de camomila

---

7. Espíritos Sofredores são espíritos desencarnados, também conhecidos como "encostos", mas há diversas circunstâncias nas quais um espírito pode receber a classificação de "sofredor".

Dentro de um Templo ou residência, no chão, coloque em cruz as folhas de babosa. Em cada uma de suas pontas firme uma vela branca e, ao lado da vela, coloque um copo de chá de camomila.

De joelhos diante da cruz, acenda as velas. Eleve o pensamento a Deus e à Divina Mãe Nanã e faça esta oração:

"Divina Mãe Nanã-yê! Eu reverencio respeitosamente o seu poder divino e peço que suas irradiações vivas e divinas magnetizem e energizem esta cruz elemental curadora consagrada à senhora e ativem os princípios mágicos, energéticos, divinos, naturais e espirituais destes elementos. Saluba Nanã!

Mãe Divina de todos os espíritos gerados por nosso Divino Pai Olorum! Peço-lhe que me envolva completamente com suas irradiações, descarregando, purificando, higienizando, decantando meus campos vibratórios, espirituais e mediúnicos, consumindo todos os cordões energéticos negativos que estejam ligados a mim. Que suas vibrações se expandam para este ambiente, limpando-o física e espiritualmente.

Recolha, Sagrada Orixá, todos os espíritos sofredores, desequilibradores e doentios que estejam alojados em meus campos, neste local ou acompanhando seus moradores e as pessoas que aqui adentram, de acordo com o merecimento de cada um, diante da Lei da Evolução.

Na Umbanda, os Guias Espirituais e os Guardiões resgatam espíritos caídos nas Trevas, que foram esgotados e purificados de seus negativismos e conscientizados de seus erros. Arrependidos, são trazidos para a corrente mediúnica de um templo ou são atraídos para os campos magnéticos dos médiuns umbandistas, onde são curados, regenerados e seu magnetismo humano refeito, para, então, serem encaminhados ao local de merecimento de cada um, onde retornarão ao caminho reto de suas evoluções.

Há os espíritos sofredores que chegam aos templos acompanhando os consulentes. Podem ser familiares ou espíritos que, por alguma afinidade "desequilibrada", estão acoplados em seus campos áuricos, gerando dores, tristezas, doenças e depressões. Os mesmos são recolhidos pelos Guias nos dias de trabalhos espirituais, para o devido tratamento e encaminhamento.

Muitas vezes, espíritos sofredores são aprisionados por magos negros e quiumbas e são usados para sugar energias vitais de vítimas de magias negativas ou para perseguição cármica de vidas passadas, transferindo sua energia mórbida e deletéria para os corpos etérico e físico dos encarnados, causando doenças e desequilíbrios emocionais e mentais.

Acolha-os, Mãe Nanã, em seus braços divinos e que, sob o seu poder e luz, todos aqueles que já estejam merecedores sejam libertados, regenerados, esclarecidos, curados, transmutados, conscientizados, positivados, acalmados e encaminhados a planos superiores, onde serão auxiliados e retornarão às suas evoluções.

Decante, dissolva, depure e neutralize todas as cargas negativas, fluidos deletérios, energias enfermiças e nocivas que estiverem comprometendo a saúde física, energética, espiritual, emocional e mental de todos os envolvidos nesta ação.

E, caso esta ação seja proveniente de magias negativas, obsessões ou perseguições espirituais, então que suas vibrações envolvam todos os seres trevosos, sustentadores e manipuladores mentais, energéticos, elementais e espirituais, recolhendo, purificando e decantando-os em seus negativismos, desintegrando, absorvendo e desativando todas as suas energias e vibrações maléficas.

"Senhora de todas as Senhoras! Estenda sobre nós o seu Manto Sagrado Decantador, recolhendo todas as impurezas e sentimentos negativos que nos impedem de elevarmos nossa consciência divina. Transmute, reequilibre e cure-nos com o seu poder divino, Sagrada Mãe!

Agradeço imensamente, Mãe Nanã, por sua caridade divina e benevolência diante de nossa imaturidade consciencial a respeito das Leis Divinas. Que sua proteção e luz estejam amparando nossas vidas e jornadas evolucionistas.

Salve Nanã Buruquê! Saluba Nanã!"

Permaneça em silêncio por alguns minutos diante da cruz.

Enquanto as velas queimam, tome um banho de ervas (que deverá estar pronto), da cabeça aos pés, com um crisântemo roxo, três folhas de guiné, três folhas de colônia e um punhado de hortelã e camomila. Após o banho, acenda uma vela ao seu Anjo de Guarda.

Assim que as velas consumirem, recolha tudo e descarte na natureza, despejando o chá de camomila na terra e as ervas, incluindo as do banho, aos pés de uma árvore. Agradeça à Divina Mãe Nanã e aos poderes naturais pela caridade e livramento.

6 - ATIVAÇÃO PARA ANULAR MAGIAS NEGATIVAS

Dentro de um templo, residência ou casa comercial, faça um círculo no chão e coloque oito folhas de peregum-roxo, em eixos. Deixe um pequeno espaço central, coloque um pires e sobre ele uma cabeça de alho roxo regado com azeite de dendê.

Em cada ponta dos pereguns, firme uma vela lilás e coloque um copo com água.

De joelhos diante do círculo, acenda as velas. Eleve o pensamento e faça esta oração:

"Senhor Deus, nosso Divino Criador Olorum! Eu O reverencio com todo meu amor e gratidão e peço-lhe bênção e licença para evocar e ativar os poderes divinos da Orixá Nanã Buruquê-yê. Amém!

Divina Mãe Nanã-yê! Eu reverencio respeitosamente o seu poder divino e peço que suas irradiações vivas e divinas ativem este círculo consagrado à senhora e as propriedades divinas, naturais, energéticas e espirituais destes elementos. Saluba Nanã!

Orixá do Poder Decantador de Olorum! Peço-lhe que me envolva completamente e a todo este ambiente com suas irradiações divinas, anulando, paralisando, desmagnetizando, desenergizando e purificando toda magia negativa, seja ela elemental, mental ou emocional, que esteja ativada contra os sentidos da minha vida e a harmonia energética deste local.

Que tudo e todos os seres negativados ligados a esse processo sejam absorvidos por seu mistério divino, transmutados, conscientizados e transformados em seus negativismos, para não mais prejudicarem a si mesmos e a mais ninguém.

Clamo-lhe Divina Mãe Nanã, que suas irradiações curadoras se instalem em meu mental, regenerando-o. Higienize, desintoxique e desbloqueie meus corpos energéticos, descarregando meu emocional e fortalecendo meu racional. Tonifique e vitalize, Sagrada Mãe, meu organismo energético e órgãos vitais. Reponha minhas perdas energéticas e emocionais.

Agradeço, Divina Mãe Nanã, por sua intervenção, proteção e amparo divino em minha jornada evolucionista.

Salve todo seu Poder Divino, Mãe da Transmutação!

Salve Nanã Buruquê! Saluba Nanã."

Permaneça por alguns minutos diante do círculo. Após a queima de todas as velas, recolha tudo e descarte na natureza (na terra, aos pés de uma árvore, em um rio, etc.), agradecendo à Divina Mãe Nanã e aos poderes naturais pela caridade e livramento.

Derrame a água diretamente sobre o solo, não deixando os copos no local. Retire-se.

ATIVAÇÃO PARA ANULAR MAGIA NEGATIVA FEITA COM SAPO

Na natureza, na beira e diante de um lago, lagoa, rio ou pântano, faça uma oferenda simbólica ao Senhor Exu Guardião correspondente ao ponto de força escolhido, com sete velas pretas, uma garrafa de aguardente, um charuto e sete moedas, pedindo licença, permissão e proteção para ativar a Divina Mãe Nanã e o Divino Pai Oxumaré.

Do lado direito da oferenda simbólica do Guardião, estenda uma quantidade de folhas, suficiente para cobrir o solo, que podem ser de peregum-roxo, erva-de-bicho ou guiné. Ao redor das folhas, firme sete velas lilases em círculo, intercalando com sete cabaças com vinho tinto suave.

No centro, coloque o alguidar, com uma massa de batata-doce cozida e amassada e sete ovos crus, fincados e abertos nas pontas, regados com azeite de dendê. No meio dos ovos, coloque uma cabaça com água mineral. Circule o alguidar com sal ou sal grosso.

Com tudo devidamente pronto, de joelhos, acenda as velas, eleve o pensamento a Deus e calmamente faça esta oração:

"Senhor Deus, nosso Divino Olorum! Eu O reverencio com todo meu amor e gratidão e saúdo respeitosamente a Divina Mãe Nanã-yê e o Divino Pai Oxumaré e peço suas bênçãos e proteções para ativar esta oferenda desmagiadora em meu benefício. Amém!

Divina Mãe Nanã e Divino Pai Oxumaré! Eu os saúdo respeitosamente e peço que recebam esta oferenda desmagiadora e ativem os princípios mágicos, energéticos, naturais, espirituais e vibracionais destes elementos.

Sagrados Orixás! Que suas irradiações vivas e divinas me envolvam completamente e projetem-se para toda magia negativa e seus ativadores humanos e sustentadores espirituais, forças e seres negativos, imantações magnéticas, condensadores de energias densas, contagiosas e demais elementos e criaturas infecciosas e geradoras de fluidos mórbidos que estejam atuando e ativados contra mim, minha saúde espiritual, física, mental, energética e emocional. Que tudo e todos sejam envolvidos e recolhidos por seus divinos mistérios e neles todos sejam purificados, consumidos e anulados em seus negativismos.

Clamo, amados Orixás, que toda criação, vibração e energia mental negativa, forma-pensamento, miasmas, fluidos aglutinados, duplicatas astrais e acúmulos energéticos nocivos sejam diluídos, desagregados, decantados, depurados, desmagnetizados e extraídos do meu mental e campo magnético e energético, descontaminando, desintoxicando, desintegrando, desinflamando e higienizando todo meu ser e órgãos energéticos e físicos.

E, caso esse processo obsessivo seja repercussão vibratória de vidas passadas, peço-lhe, Divina Mãe Nanã, que ative seus fatores atemporais e no seu mistério do Tempo tudo seja absorvido, depurado, desenergizado e transmutado.

Agradeço imensamente, Divinos Orixás, por suas intervenções misericordiosas. Que a partir deste momento todo meu ser esteja fortalecido, revitalizado, regenerado e restaurado com as suas irradiações renovadoras, para minha evolução em todos os sentidos da vida.

Salve Divina Mãe Nanã Buruquê! Saluba Nanã!
Salve divino Pai Oxumaré! Arrobobô, Pai Oxumaré!"

Permaneça em silêncio por alguns minutos diante da oferenda, para receber todas as vibrações e energias divinas.

A seguir, cruze o chão por três vezes com a mão direita, agradecendo a todos os poderes regentes daquele ponto de força.

Retire-se e, durante sete dias consecutivos, tome banho com ervas de Nanã, tendo uma vela de sete dias firmada para o seu Anjo da Guarda.

No caso de fazer para outra pessoa, a mesma deve estar ciente do procedimento e ter concedido autorização para a realização em seu nome. Para isso, coloque o nome dela dentro da cabaça com água mineral e realize toda a oração em nome da pessoa a ser beneficiada.

Observação: esta ativação também poderá ser utilizada para anular quaisquer magias negativas, nas quais foram utilizados animais vivos.

DESMAGIAMENTO DE TRABALHOS COM EGUNS, EGUNGUNS E YAMIN OXORONGÁ[8]

---

8. **Egum** é uma palavra de origem iorubá que significa espírito de pessoa falecida. Portanto, é um termo bastante abrangente, que pode se referir a um obsessor, a um zombeteiro, a um quiumba, a um sofredor, etc. Para os umbandistas em geral, **eguns** são espíritos que perderam a consciência divina, carregam grande ódio em seus mentais, até de encarnações passadas, atacam seus desafetos encarnados, sozinhos ou em grupos. Estão perdidos e soltos no tempo, no meio das sete faixas vibratórias. Quando encostam em uma pessoa, ela sente muito peso nos ombros e fisgadas na nuca. Ele pode se tornar um **obsessor** ou **encosto** quando se liga a um encarnado, para vivenciar seus vícios (álcool, droga, sexo, etc.), vampirizando-o, por não aceitar se afastar de familiares ou para se vingar de inimigos. Os eguns ficam vagando em nosso meio e algumas vezes são aprisionados por magos negros, para servirem como escravos.
• Egungum designa o conjunto dos ancestrais veneráveis masculinos da humanidade ou de uma família. O culto a egungum é o culto aos antepassados iniciados e notáveis, e tem entre suas finalidades preservar e assegurar a continuidade do processo civilizatório, por meio dos seus ancestrais masculinos, que retornam à Terra em forma espiritual, visíveis aos olhos humanos.
• Yamins Oxorongás representam o poder oculto e a ancestralidade feminina. Iyamin é o termo que designa as terríveis Ajés, feiticeiras africanas, cuja sabedoria e poder são atribuídos às mulheres, e são associadas em alguns contos às bruxas. Oxorongá é um pássaro africano, uma espécie de coruja, pássaro sagrado das mães ancestrais, que emite um som parecido com seu próprio nome. De acordo com algumas religiões africanas, são espíritos de bruxas e mães ancestrais que se transformam em corujas, para entoar seus encantos e feitiços durante as noites. Seu culto é realizado somente por mulheres.

"Nanã é o único Orixá que tem domínio total sobre o tempo [...] Nanã representa o tempo, é a senhora das eras. Não há trabalhos feitos com Eguns, Egungum ou com Yamin Oxorongá que não sejam cortados na força de Nanã, no Tempo.

Com a cabeça coberta, com lenço ou filá branco, no quintal de um templo, casa ou na natureza, colocar no tempo uma bacia com água, coberta com um pano branco e sobre ele pétalas de crisântemo roxo e pondo-se, por cima e em cruz, duas folhas de bananeira." (Rubens Saraceni).

Circule toda a oferenda com sete velas lilases e sete velas brancas, intercaladas.

Com tudo devidamente pronto, de joelhos, acenda as 14 velas em sentido horário, iniciando pela vela lilás ao norte.

Eleve o pensamento a Deus e faça esta oração:

"Eu saúdo e reverencio os Senhores Guardiões e os Orixás Regentes do Tempo e peço-lhes licença e proteção para ativar esta oferenda desmagiadora, na força da Divina Orixá Nanã Buruquê-yê! Amém!

Divina Mãe Nanã, senhora decantadora! Eu clamo à senhora, em nome de nosso Divino Criador Olorum e peço-lhe que ative os princípios mágicos, naturais, energéticos, vibracionais e espirituais destes elementos, envolvendo-me completamente com suas vibrações paralisadoras atemporais. Que elas se projetem para toda magia negativa, seres e criaturas envolvidos nesse processo negativo de feitiçaria que atinge a mim, minhas forças naturais, divinas e espirituais, minha saúde e equilíbrio mental, espiritual, emocional, energético e físico, bem como a todos ligados a mim, aos nossos lares e ambientes de trabalhos espirituais e profissionais.

Sagrada Mãe! Que tudo e todos sejam absorvidos por seu mistério divino, decantados, desvitalizados, desenergizados, desmagnetizados e purificados, para que não atuem mais negativamente contra mim e mais ninguém na criação. Que seu mistério divino alcance e envolva esses trabalhos e seres-mistérios, desativando, desprogramando e devolvendo-os às suas dimensões de origem, fechando os portais negativos por meio dos quais eles vieram.

Que todas as determinações, rezas, pedidos, clamores, feitiços, simpatias, rituais e cultos negativos realizados na força do Tempo, da Lua, nos pontos de forças da natureza ou em templos de qualquer vertente religiosa, magística ou iniciática, sejam, no seu poder no Tempo, paralisados, anulados, depurados, recolhidos e transmutados.

Agradeço, Divina Mãe Nanã, por sua intervenção, proteção e amparo divino em minha jornada evolucionista.
Salve toda sua força genitora feminina, Mãe de todas as feiticeiras!
Salve seu grandioso poder no Tempo, Senhora de todos os espíritos!
Salve o Tempo! Saluba Nanã!"
Permaneça em silêncio por alguns minutos diante da oferenda.
Após a queima de todas as velas, recolha os restos e coloque no lixo. Descarte as folhas de bananeira na natureza, despejando a água e as pétalas diretamente no solo. Retalhe o pano branco com as mãos e deixe-o aos pés de uma árvore.

ATIVAÇÃO PARA FORTALECIMENTO MENTAL NA IRRADIAÇÃO DE NANÃ

O MENTAL

O campo eletromagnético humano tem sua sede no mental, órgão supraespiritual que traz a nossa herança genética divina, desde nossa criação por Olorum. Esse campo flui por meio da "coroa" ou ori, espalhando-se em torno do corpo elemental básico. O cérebro é o órgão físico e o mental é a sua parte etérea, espiritual. E, por ser a sede do pensamento, é o primeiro a ser atacado por vibrações negativas espirituais.

Da mesma maneira que o cérebro precisa ser alimentado por nutrientes e oxigenado pela corrente sanguínea, o mental precisa ser suprido por fatores, irradiações divinas, para seu fortalecimento. Dessa forma, o ser consegue usar suas faculdades espirituais e também protegê-lo, para não sofrer lesões que o incapacitem de coordenar ideias, estimular-se, ter vitalidade, criatividade, concentração, fé, amor, discernimento, equilíbrio, ordenamento, etc. É nesse campo eletromagnético pessoal que se alojam e internalizam acúmulos energéticos ou focos vibratórios negativos, oriundos de magia negativa ou desequilíbrios consciencias e emocionais dos seres, que se expressam na aura e a rompem; chegam ao corpo energético e até mesmo ao físico, afetando a saúde.

Na medicina espiritual o ser é estudado em seu campo magnético, em seu magnetismo pessoal, em sua memória imortal, onde todos os acontecimentos que ele já vivenciou estão impressos. Se ele é ou já foi magneticamente negativo, vibra e lateja sentimentos não realizados. Aí está a origem de muitas doenças cármicas e de fundo emocional. As doenças chamadas mentais tornam os magnetismos de seus portadores negativos, acontecendo o mesmo com pessoas obsediadas por espíritos negativos, intrusos que vão sendo internalizados por magnetismos, e causam obsessão espiritual.

Se um ser sofre magia negativa, surge uma reação física, energética, magnética, emocional e mental por parte dele, visando repeli-la. Porém, nem sempre isso é conseguido. As defesas do ser se enfraquecem e ele vai internalizando os fluxos negativos, inundando seu campo eletromagnético com energias que o atingirão, enfraquecerão, adoecerão ou o desequilibrarão emocionalmente. É assim que funcionam as "magias negras". Os sentimentos e pensamentos negativos bloqueiam as fontes geradoras de energias positivas e abrem no mental dos seres fontes energéticas que vão gerando e espalhando energias nocivas por todo o corpo emocional que permeia o corpo energético.

Os Orixás atuam na vida dos seres, internamente, a partir de seus poderosíssimos mentais celestiais, irradiando suas vibrações divinas para o íntimo (mental) de cada um. É preciso que esse campo eletromagnético seja descarregado e limpo das energias negativas acumuladas, desobstruindo-o e permitindo o fluxo natural de irradiações divinas dos Orixás regentes. Somente assim, internamente, o Sagrado conseguirá nos direcionar, curar e realizar seu "axé" em nossas vidas, a partir do íntimo, do mental, de cada um. A magia positiva é assimilada e absorvida imediatamente e alcança tanto os corpos quanto os campos energéticos, mentais, emocionais e físicos, melhorando o estado geral do ser.

Se alguém está caindo vibratoriamente, nada melhor do que o amparo de uma decantadora, rigorosa e amorosa Mãe Nanã, que não se sensibiliza com nossas falhas, mas nos conduz em sua reparação, cura e fortalecimento, por meio de conscientização e amadurecimento.

A ativação a seguir exige preceito, não de alguns dias, mas sim para todos os dias. O preceito da reflexão racionalizada, quanto às nossas atitudes mentais, pensamentos destrutivos e emocionais e sentimentos de baixa vibração, que estamos alimentando e nutrindo "diariamente" dentro de nós e irradiando "mentalmente" para nossos semelhantes. São urgentes a higienização, a reorganização e a reeducação mental, para nossa evolução em todos os sentidos da vida.

ATIVAÇÃO

Antes da ativação, tomar um banho de ervas, da cabeça aos pés, com um crisântemo roxo, três folhas de guiné, três folhas de colônia e um punhado de hortelã e camomila.

Providenciar:

Um prato branco fundo, uma cabaça grande ou alguidar, higienizados.

Uma toalha lilás.

Uma cabeça de cera, masculina para homem e feminina para mulher.

Uma vela de sete dias lilás.

Uma vela de sete dias violeta ou roxa.

Uma vela de sete dias branca.

Quatro folhas de babosa.

Uma beterraba pequena crua (tamanho suficiente para tampar a base da cabeça de cera).

Azeite de oliva.

Um punhado de feijão-fradinho cru.

Três copos de água potável.

Um punhado de pó de mostarda.

No templo, em frente do altar ou na própria residência em um lugar seguro, estenda a toalha lilás e coloque sobre ela o recipiente escolhido. Em seu centro, coloque a beterraba crua e regue-a com azeite de oliva.

Retire o gel de uma das folhas de babosa e coloque no interior da cabeça de cera. Tampe com a beterraba e coloque a cabeça em pé, sobre o recipiente.

Preencha a base do recipiente com feijão-fradinho, ao redor da cabeça.

Regue tudo, a cabeça e o feijão, com a mão direita, com azeite de oliva.

Ao redor do prato, sobre a toalha, delimitando, faça um triângulo com as outras três folhas de babosa. No vértice superior, voltado acima da cabeça, coloque a vela de sete dias lilás; na ponta direita do vértice, a vela branca e, na ponta esquerda, a vela violeta ou roxa.

Ao lado de cada vela, coloque um copo com água.

Com tudo devidamente pronto, de joelhos, acenda as velas, eleve o pensamento a Deus e à Divina Mãe Nanã e calmamente faça esta oração:

"Senhor Deus, nosso Divino Criador Olorum! Eu O reverencio com todo meu amor e gratidão e peço-lhe bênção e licença para evocar e ativar os poderes divinos da Orixá Nanã Buruquê-yê. Amém!

Divina Mãe Nanã-yê! Eu reverencio respeitosamente o seu poder divino e peço que suas irradiações luminosas e magnéticas ativem as propriedades divinas, naturais, energéticas e espirituais destes elementos. Saluba Nanã!

Orixá Decantadora do nosso Divino Criador Olorum! Peço-lhe que me envolva completamente e que suas irradiações purificadoras adentrem em meu mental, diluindo, dissolvendo, desintegrando, consumindo, desmagnetizando e desenergizando todas as cargas negativas, fluidos deletérios, energias enfermiças, parasitas energéticos, criações mentais, formas-pensamento nocivos, energias mentais elementais e elementares negativas e ondas mentais destrutivas e doentias que estejam alojados, projetados e irradiados em meu mental, corpos e campos vibratórios.

Que todas as forças mentais negativas sejam absorvidas e dissolvidas e todos os seres negativos, manipuladores mentais e emocionais que estiverem mentalmente e por cordões energéticos negativos ligados a mim, sejam recolhidos e neutralizados e seus mentais paralisados, até que esgotem todos os seus negativismos, de acordo com a determinação da Lei da Evolução e merecimento de cada um.

Sagrada Mãe de todas as profundezas, peço-lhe que suas irradiações aquático-telúricas descarreguem, descontaminem, desinflamem, decantem, desobstruam, cicatrizem, curem e higienizem todos os meus campos, corpos vibratórios, mental, emocional e físico, reconstituindo com sua lama divina toda a estrutura energética e física, restabelecendo o fluir natural de energias positivas, sublimes e divinas em todo meu ser.

Fertilize e fortaleça, Divina Mãe do Renascimento, meu mental, fazendo ressurgir das profundezas de mim mesmo uma nova perspectiva existencial. Auxilie-me, Nanã, a renovar minhas concepções divinas, a equilibrar meu emocional e apurar meu racional, libertando-me de ideias fixas negativas e equivocadas.

Adormeça, Mãe, aliviando da minha memória vivências negativas, traumas, tormentos psíquicos, culpas e frustrações que fragilizam meu emocional e causam processos negativos patológicos em meu corpo e na minha alma.

Mãe Racionalizadora, ajude-me na conscientização dos meus negativismos e limites consienciais, ampare-me em seus braços sagrados, para que eu possa me reajustar com a Lei que rege os caminhos da Evolução.

Agradeço, Divina Orixá da Transmutação dos sentidos, por sua intervenção, proteção e amparo divino em minha jornada evolucionista."

Com o pó de mostarda na palma da mão direita, assopre-o em direção à oferenda.

"Salve todo seu Poder Divino, Mãe Fertilizadora!

Salve Nanã Buruquê! Saluba Nanã."

Permaneça em silêncio por alguns minutos diante da oferenda.

No decorrer dos sete dias em que a ativação estará "firmada", banhe-se com o banho de ervas indicado, pelo menos três vezes, em dias alternados.

Após o término das velas, as mesmas podem ser descartadas no lixo. O prato, a toalha e a cabeça de cera poderão ser limpos, guardados e reutilizados. Caso prefira, pode-se descartar a cabeça, pois já cumpriu sua função simbólica e energética durante o período em que esteve sobre a "firmeza".

A beterraba e o feijão-fradinho devem ser enterrados em solo fértil, em um vaso ou na natureza; as folhas de babosa entregue-as aos pés de uma árvore; e a água derramada, diretamente sobre a terra, agradecendo à Mãe Nanã e aos Regentes da Natureza pela bênção concedida.

No caso de ser para outra pessoa, ela precisa estar ciente da ativação e consentir. Se for para alguém que esteja impossibilitado ou mentalmente doente ou debilitado, ou ambos, a ativação só poderá ser realizada nos pontos de forças de Mãe Nanã, como lagos, lagoas, rios, etc., seguindo o procedimento de antes oferendar e pedir licença aos Guardiões do local. Coloque em cima da beterraba o nome completo, escrito a lápis. Firme velas palito (sete lilases, sete brancas e sete violetas ou roxas), amarradas com fitas de cetim conforme as cores indicadas, sendo as sete velas lilases ao norte (voltadas para o lago), à direita as brancas e à esquerda as violetas ou roxas, realizando toda oração em nome da pessoa a ser beneficiada.

ATIVAÇÃO PARA AUXILIAR NA CURA DE VICIOS[9]

Local: cemitério

Ao chegar ao cemitério, diante do portão, ajoelhe-se e, com a mão esquerda, bata três vezes no chão, saudando o Guardião e a Guardiã da Porteira, pedindo licença e proteção para entrar, permanecer e trabalhar. Cruze o chão por três vezes, e, mentalmente, peça permissão para entrar no lado divino daquele ponto de forças. Adentre e siga para o local intuído.

Ao chegar ao local, ajoelhe e cruze o solo por três vezes com a mão esquerda, reverenciando, saudando e pedindo licença ao Senhor Exu Guardião do Lodo. Faça uma oferenda simbólica com sete velas pretas, em círculo. Ao redor, despeje um pouco de aguardente, no sentido anti-horário e depois no sentido horário.

Procedimento básico:

No dia reservado, antes de ir, tome banho com folhas de guiné, hortelã e manjericão, da cabeça aos pés, e firme uma vela branca ao Anjo da Guarda. No caso de ser umbandista, firmar também seu Orixá Regente e o Exu Guardião ou de Lei.

Coloque a garrafa no centro das velas, com um charuto aceso e sete moedas. De joelhos diante da oferenda, acenda as velas e faça esta evocação:

"Eu o evoco, saúdo e reverencio, Senhor Exu Guardião do Lodo, e peço sua licença, permissão e proteção, para ativar os poderes Divinos da amada Mãe Nanã Buruquê-yê e do amado Pai Omolu-yê, para auxílio e benefício de (nome da pessoa).

Solicito, Senhor Guardião da Evolução e da Vida, que os senhores Exus de Lei que estão sob seu comando possam também interceder a favor, a partir deste momento, na minha vida (ou desse irmão(ã), de acordo com a Lei que vos rege, em conformidade com as necessidades e

---

9. Vícios – apego extremo e compulsivo a algo (drogas, álcool, tabaco, sexo, jogos, fanatismo religioso, etc.).

merecimentos de todos os envolvidos nesse processo obsessivo e prejudicial para o sentido da evolução espiritual de todos.
Laroyê Senhor Exu Guardião do Lodo e Senhores Exus de Lei do Lodo!"
Após, cruze o solo por três vezes, com a mão esquerda, agradecendo. Ao lado direito da oferenda do Guardião, faça a oferenda de desobsessão.

Providenciar:
Um alguidar, higienizado.
Sete velas lilases e sete roxas.
Pipoca estourada no azeite de dendê, suficiente para o tamanho do alguidar.
Uma cebola roxa.
Um litro de água.
Sete coités ou sete cabaças, com água.
Uma quantidade de folhas de mamona roxa ou de peregum-roxo.
Mulungu.
Mostarda em pó.
Um punhado de palha-da-costa.

No local, com a mão direita, despeje em círculos uma quantidade de água sobre o solo, formando uma lama e, mentalmente, saúde a Divina Mãe Nanã e Pai Omolu.
Sobre essa lama, estenda as folhas de mamonas ou peregum, suficientes para cobrir o solo. Coloque o alguidar sobre as folhas e, dentro dele, distribua o mulungu, a pipoca e no, centro, a cebola. No caso de ser para outra pessoa, coloque o nome dela completo, em cima da cebola, escrito a lápis, regando com dendê. Após, distribua, em cima de tudo, a palha-da-costa, cobrindo os elementos.
Ao redor das folhas, coloque em círculo as 14 velas, intercaladas, uma lilás e outra roxa, distribuindo, também em círculo, os sete coités ou cabaças com água.
Com tudo devidamente pronto, ajoelhada(o), acenda as velas, eleve o pensamento a Deus e calmamente faça esta oração:
"Senhor Deus, nosso Divino Criador Olorum! Eu O reverencio com todo meu amor e gratidão e saúdo respeitosamente a Divina Mãe Nanã-yê e o Divino Pai Omolu-yê e peço suas bênçãos

e proteção para ativar esta oferenda desobsessora e curadora em benefício de (nome da pessoa).

Divina Mãe Nanã e Divino Pai Omolu! Eu os saúdo respeitosamente e peço que recebam esta oferenda desobsessora e curadora e ativem os princípios mágicos, energéticos, naturais, espirituais e vibracionais destes elementos. Saluba Nanã! Atotô Omolu!

Sagrados Orixás! Que suas irradiações vivas e divinas envolvam completamente (nome da pessoa) e adentrem em seu mental, paralisando, depurando, desestabilizando, neutralizando, desmagnetizando, desenergizando e consumindo todas as energias negativas, vampirizadoras, criações mentais enfermiças, formas-pensamento, larvas e miasmas que estejam alojados em seus campos astral, etérico, mental e emocional. Que todos os seres negativos, criaturas, eguns,, espíritos obsessores e viciados que estejam acoplados em seu perispírito, sugando sua energia vital, alimentando-se das emanações tóxicas e negativas geradas, estimulando-o com pensamentos sugestivos a permanecer com seu hábito danoso e prejudicial, sejam esgotados, absorvidos, purificados, recolhidos, conscientizados e esclarecidos, de acordo com a Lei Maior que rege seus mistérios sagrados.[10]

Clamo, Amada Mãe e Amado Pai, que libertem (nome da pessoa) da escravidão de seu vício degradante, ceifando, neutralizando, decantando, depurando e desintegrando do seu íntimo todas as fontes negativas geradoras de suas doenças emocionais,[11] que o enfraquecem e fortalecem a compulsão destruidora e nociva para todos os sentidos de sua evolução. Descontaminem, desintoxiquem, higienizem e cicatrizem toda sua constituição energética e órgãos vitais. Curem, regenerem, revitalizem, estabilizem, equilibrem e restaurem-no, Misericordiosos Orixás!

---

10. Hábitos viciosos atraem espíritos desencarnados também viciados, obsessores. Estes sintonizam com o "dependente" dificultando sua recuperação. Muitos desses obsessores são eguns, que quando encarnados foram viciados, e continuam dependentes de seus vícios, após morte. Procuram encarnados afins para sugarem, inalarem, aspirarem suas emanações deletérias e energias viciantes e, assim, continuarem a sentir "seus efeitos prazerosos". A atuação desses eguns, em sua maioria, acontece pela Lei da Afinidade, poucos são os casos por magia negativa.
11. Doenças emocionais: depressão, ansiedade, angustia, complexo de inferioridade, remorso, traumas, medo, apatia, fobias, emoções reprimidas, transtornos psicológicos, etc.

Amparem-no em seus braços divinos, amados Orixás da Cura, no momento em que sob suas irradiações ele(a) tenha de assumir e reconhecer suas próprias fraquezas e fragilidades, que o tornam vulnerável a espíritos obsessores, pela Lei da Afinidade. Conscientizem e tragam-no, com todo amor, de volta ao plano da redenção e da evolução. Renovem suas concepções e o esclareçam sobre os verdadeiros valores divinos e os prazeres reais de estar em harmonia consigo mesmo, com todos os seus familiares e com a Sagrada Vida. Remodelem, fazendo-o renascer para uma nova vida! Coloque o pó de mostarda na mão direita e assopre em direção a oferenda.

"Agradeço imensamente" Divinos Orixás, por suas intervenções misericordiosas. Que a partir deste momento (nome da pessoa) esteja fortalecido, amparado, renovado e curado, para retornar ao caminho moral em sua evolução, de acordo com seu merecimento e necessidade.

Salve Divina Mãe Nanã Buruquê! Saluba Nanã!
Salve Divino Pai Omolu! Atotô Omolu!
Salve os Senhores Exus do Lodo! Laroyê Exu!"

Cruze três vezes o solo, agradecendo a todos os Regentes do campo-santo pela caridade e amparo. Retire-se do local e, ao sair do cemitério, pare em frente ao portão, saúde os Guardiões da Porteira e agradeça pela permissão e proteção.

Se for para si, querer se curar é o verdadeiro caminho e o fator principal para recuperar e libertar-se de vícios. Busque num longo período, toda semana, banhar-se da cabeça aos pés, com folhas de guiné, assa-peixe, vassourinha-do-campo, hortelã e manjericão, firmando uma vela de sete dias branca para o Anjo da Guarda.

Caso seja para outra pessoa, e suas condições comportamental, biológica, psicológica e espiritual estejam comprometidas, se for possível, faça para você e ofereça o banho de ervas, que estará auxiliando na limpeza e fortalecimento de seus campos energéticos. Ao contrário, busque oferecer no dia a dia do "enfermo" água fluidificada na Irradiação da Mãe Nanã, apresentada anteriormente, e, é claro, orações constantes e auxílio profissional.

Muitos seres viciados são resistentes, não admitem a "doença"; estão escravizados, obsediados, perderam o controle sobre si e, sozinhos, jamais irão conseguir se libertar de sua prisão mental.

A obsessão espiritual é um fator complicador para a recuperação de viciados e deve ser combatida com veemência, aliada aos tratamentos médicos.

Pedir pelo outro, neste caso, é se colocar diante do Sagrado, pedindo a Eles que intercedam por "alguém" que está impossibilitado de se ajudar ou pedir ajuda. É servir de "ponte" para que a Lei Maior, por meio de "um", resgate muitos espíritos que se encontram na mesma "condição". Simplesmente, caridade!

PROCEDIMENTO PARA PREPARO DE BANHOS DE ERVAS

No decorrer desta obra, indicamos diversos banhos para serem realizados antes ou depois das ativações religiosas ou magísticas na irradiação da Divina Mãe Nanã.

Sugerimos que os banhos sejam feitos com ervas frescas, colhidas para esse fim. Em capítulos anteriores, apresentamos um procedimento para colheita das ervas e, aqui, vamos reapresentá-lo.

Ajoelhe-se diante da planta, eleve seus pensamentos e diga mentalmente:

"Eu saúdo as Sagradas forças regentes desta erva e peço licença aos Senhores Guardiões e aos Seres Elementais Vegetais para retirar parte dela. Peço também que suas vibrações divinas, naturais, espirituais, magnéticas e energéticas sejam devidamente ativadas, ao serem manipuladas para meu benefício (ou do semelhante).

Agradeço respeitosamente, Senhores Regentes dos reinos vegetais. Amém!"

Se possível, colha suavemente com as mãos; caso contrário, utilize um instrumento cortante, retirando somente a quantidade necessária. Depois de colhidas, lave-as em água corrente, colocando as folhas dentro de uma bacia de ágata ou recipiente de alumínio, exclusivo para banhos de ervas.

No chão, ao lado do recipiente, acenda uma vela branca e um defumador (tablete). Higienize o antebraço e as mãos, com sabão da costa. Coloque água sobre as folhas. Eleve seu pensamento a Deus e à Divina Mãe Nanã, iniciando a maceração das ervas, esfregando-as na água, até obter uma coloração esverdeada, retirada do sumo das folhas. Em seguida, faça esta oração para ativação das irradiações de Mãe Nanã:

"Deus, Divino Criador Olorum! Eu O saúdo e reverencio com todo meu amor e gratidão e peço licença para evocar sobre esta água e ervas as forças sagradas dos reinos vegetais e aquáticos, para meu benefício. Amém!

Senhores Guardiões e Seres Elementais Vegetais! Eu os saúdo e os evoco respeitosamente e lhes peço que sejam ativadas as propriedades magnéticas, energéticas, vitais e espirituais destas ervas, na irradiação divina da nossa amada Mãe Nanã Buruquê-yê. Amém!

Divina Orixá Nanã-yê! Eu a saúdo respeitosamente e peço que suas irradiações vivas e divinas imantem esta água e ervas, potencializando seus recursos energéticos naturais, para que, no momento em que eu me banhar, seja completamente fluidificado e energizado. Que meus campos astral, etérico, mental, emocional e órgãos vitais sejam purificados, higienizados e descontaminados de todos os acúmulos energéticos, energias, elementos e seres negativos. Que minhas energias vitais sejam fortalecidas e restauradas, proporcionando e restabelecendo minha saúde energética, emocional, física e espiritual, revitalizando todo meu sistema imunológico. Saluba Nanã!

Cubra o recipiente com um pano branco e deixe-o até o término da vela. Após, em outro recipiente, exclusivo para banhos, coe o líquido e separe as ervas para serem posteriormente devolvidas à terra (em um jardim ou aos pés de uma árvore).

Tome o banho de higiene e, depois, utilizando-se de uma bucha vegetal, espume e esfregue todo o corpo com sabão da costa e se enxague. Pegue o recipiente com o banho de ervas, acrescente água do chuveiro, até que esteja em temperatura ambiente, eleve-o acima da cabeça e mentalmente saúde a Divina Mãe Nanã, solicitando que o(a) envolva completamente com suas irradiações divinas e energias espirituais, purificando e fortalecendo. Jogue lentamente da cabeça aos pés, se for o caso. Enxugue-se levemente, vestindo roupas brancas ou claras.

Outro recurso habitual, pela praticidade, é o banho de ervas feito com ervas secas, facilmente encontrado no comércio especializado. Coloque água para ferver em uma panela e, ao atingir fervura, desligue o fogo e insira as ervas, deixando-as em infusão até a água amornar. Se esta for a opção, orientamos que, após a infusão, coe o líquido, ajoelhe-se diante do recipiente, faça a oração de ativação das irradiações de Mãe Nanã e a sequência já sugerida. Mas, reforçamos, o ideal é banho com ervas frescas.

Capítulo 21

Considerações Finais

O passado traz consigo um índice misterioso que impele à redenção.
Walter Benjamin

Nanã é a mãe primordial sábia, que exerce inúmeras funções como Divindade de Olorum. Ela é o mistério profundo dos primórdios da vida, é a mãe Orixá que nos liga aos tempos imemoriais e aos mitos da criação da Terra e antepassados mais ilustres. Como a mais velha dos Orixás, Mãe Nanã é a geradora das eras e a senhora do saber; a mãe sábia que exerce poderes sobre as profundezas; a senhora dos segredos, dos mistérios, do mundo oculto e das esferas subterrâneas do planeta e dos seres. É um enigma perpétuo para nós, com sua sabedoria indecifrável e ambígua.

A mais sutil e perspicaz Orixá, senhora da lama, é associada às águas paradas, ao lodo do fundo dos lagos, dos rios e dos mares, aos pântanos e ao íntimo do íntimo, no fundo dos seres.

Nós, seres reencarnantes, somos os nossos próprios antepassados e trazemos em nós, adormecida, a memória ancestral. Trazemos, nas profundezas do nosso ser, o mistério divino da nossa Mãe Primordial Nanã, decantado e adormecido. É por isso que ela nos ampara no momento da reencarnação, apagando nossa memória, passando o consciente para o inconsciente, impenetrável como o seu lodo. Também é por isso que ela nos ajuda na morte, adormecendo nossa memória durante a velhice, para que nos liguemos mais ao mundo espiritual do que à matéria. Ela decanta tudo, para que emoções e sentimentos negativos sejam esquecidos nas profundezas do ser, assim como no fundo lodoso de seus lagos.

Iluminada pela transcendência de sua ancestralidade, com seu poder, Nanã participa dos momentos tangenciais de transmutação, princípio e fim, retorno e perda da vida. É a guardiã do reinado dos mortos e ancestrais. Nossa Divina Vovó é tudo isso e muito mais! As qualidades divinas de Nanã que nos impulsionam a evoluir são a maleabilidade e a decantação. Um ser estacionado em padrões vibratórios negativos insiste em condutas igualmente negativas e se petrifica, tornando-se impermeável ao bem. Para readquirir maleabilidade, será atraído para o campo de Mãe Nanã, com sua energia e magnetismo absorventes muito fortes. Ela desfaz o que está petrificado e paralisado, dando maleabilidade e decantando tudo e todos dos seus vícios, desequilíbrios ou negativismos. Nanã transmuta as energias negativas geradas por errôneos conceitos negativos sobre as coisas divinas, desenvolvidos pelos seres. No seu fator maleabilizador gera flexibilidade, maturidade, transmutabilidade, racionalismo, persistência e sapiência.

Mãe Nanã, Orixá cósmico na Linha da Evolução, age na vida dos seres como um recurso evolutivo. Quando caímos vibratoriamente, ela não se sensibiliza e é implacável e intolerante com nossos erros, falhas e "pecados". Ela aplica seus fatores reativos rigorosamente, atuando nos níveis mais densos por meio das entidades da Esquerda, na busca da nossa transmutação, para procedimentos maduros e sábios. Ela age para descarregar os emocionais dos seres, decantando, filtrando tudo, para aquietá-los e até paralisar suas evoluções, esgotar seus negativismos e redirecioná-los a uma evolução sadia, sólida e ordenada. Ela representa a decantação e a calmaria dos nossos sentimentos e emoções. Por isso ela também pode nos curar, pois muitas doenças, advindas de raiva, ansiedade, inveja, ciúme, impaciência e similares são de fundo emocional e mental e, uma vez decantados esses vícios e desequilíbrios, Nanã nos acalma, transformando-nos e curando-nos.

Mas, atuando na matéria ou no espírito, na vida ou na morte, podemos perceber que a ação de Mãe Nanã sobre a memória está sempre presente.

Pai Rubens Saraceni nos diz que "a memória nos permite raciocinar em cima de fatos e dominar ou não a razão, para depois reagirmos". Diz que "um pulsar positivo é um pulsar mental e um pulsar negativo é um pulsar emocional. Nessa distinção entre os pulsares, encontraremos o Pai ou a Sua ausência. Deus nos fala em muitas faixas vibratórias, mas o ser humano só ouve essas falas por meio das virtudes, que são pulsares positivos".

Mestre Pena Branca[12] também fala da memória e diz que "o ser encarnado deve buscar a apreciação e a valorização dos momentos especiais

---

12. *Sermões de um Mestre Pena Branca* (psic.) – Lurdes de Campos Vieira – Madras Editora.).

de sua vida e fazer com que eles se perpetuem de alguma forma na sua lembrança, para desfrutar sempre um pouco da felicidade e alegria dos mesmos. Se estivermos tristes e negativados, a conexão com momentos de alegria e plenitude poderá elevar nossas vibrações atuais, como olhar uma foto de algum acontecimento que nos fez felizes. Olhar a natureza, principalmente em seus pontos de força, mesmo que seja em imagens, também é uma forma de vivenciar momentos especiais. Ao apreciar uma foto de uma bela cachoeira, mata, mar ou montanha, por exemplo, o ser vibra sentimentos de alegria, ao ver aquelas maravilhas da natureza. Isso ocorre porque há uma conexão imediata com as energias desses lugares e aquele que observa a imagem recebe um pouco do magnetismo benfazejo do local.

A conexão com energias boas ou ruins se faz constantemente, mesmo que seja em imagens ou pela memória do ser. Isso nos leva à reflexão sobre a penetração de imagens na casa de cada um. Aquilo que as crianças, os jovens e os adultos assistem na televisão ou na rede da Internet, vai criando as "memórias" e as "vibrações" com as quais o ser se conectará e irá rememorar no futuro. Se forem boas, o resultado será um; se forem ruins, será outro. Os pais têm muita responsabilidade no que os filhos veem, mas aqueles que são responsáveis pela criação e transmissão dos programas que serão vistos por muitos têm responsabilidades maiores ainda. Nada está desconectado da grande rede de frequências magnéticas criada pelo Criador. Os meios de comunicação fazem parte dessa rede. Cada um deve pesar bem aquilo que oferece aos olhos, aos ouvidos e aos sentimentos dos semelhantes. As conexões e as responsabilidades são muito maiores do que o ser humano imagina. Veicular imagens e programas de baixo nível e transmissores de negativismos pode destruir vidas inteiras, cujas evoluções não se realizam, por conta de atrasos que impedem o avanço do ser, nos caminhos evolutivos da luz.

Repensar o que se faz na matéria, como é o trabalho de cada um, se esse trabalho beneficia ou prejudica o semelhante, também é tarefa urgente e necessária.

Os momentos especiais são muito bons, mas é preciso que o ser humano qualifique ao máximo os acontecimentos de sua vida, para mudar o padrão vibratório geral e proporcionar um pouco de luz àqueles que tanto necessitam dele. A vida é um bem precioso demais para ser desperdiçado com insignificâncias. Dar sentido para a vida é primordial para todos, desde a mais tenra idade.

A memória não é um simples lembrar; ela revela a relação com o tempo, com o passado, com aquilo que está invisível e distante, conferindo-lhe sentido, diferenciando-o do presente e do futuro, mas podendo fazer parte deles e compreendê-los.

Existem problemas ou perturbações da memória, dos mais simples até a perda total, tanto da memória individual quanto da coletiva. Vive-se hoje numa sociedade doente como um todo. Outras sociedades já se apresentaram doentes, em parte, mas a sociedade atual está doente de corpo e espírito. A facilidade de propagação da mídia, a globalização e os rápidos meios de transporte, com a difusão dos valores negativos da sociedade consumista, provocaram as doenças que contaminaram a sociedade de maneira global.

A família é chamada de "esteio da sociedade", mas ela é também o esteio na indicação do caminho evolutivo da espiritualidade de seus membros. Muitas famílias estão destruídas ou em fase de destruição, também por causa dos valores que a sociedade elegeu como prioridades para o indivíduo e que não dão o suporte necessário para a manutenção da união familiar. O emocional expressa o que o percepcional envia ao mental e, se forem captadas vibrações positivas, vibrações positivas serão externadas. Os sentimentos virtuosos são de origem divina e humanizam o ser humano.

Os pais têm a responsabilidade de orientar seus filhos, encaminhando-os nas trilhas do bem, para que possam optar, escolher o que for do seu livre-arbítrio, num leque de opções onde existam possibilidades de significância. Se diante da criança só foram revelados valores que insinuam, induzem e propõem os caminhos negativos, a criança não terá chances de escolher, pois só lhe foram apresentadas opções para caminhos sem luz, impedindo-a de se elevar. Oferecer caminhos de claridade, de amor e respeito ao próximo, de união e fraternidade, é essencial, para que as crianças e os adolescentes não sejam cooptados por valores consumistas que podem levar ao caminho das drogas e outras formas de alienação ou por valores de sexualidade desenfreada, que poderão levá-los às doenças sexualmente transmissíveis. Se o ser humano não reage às ações negativas com sentimentos positivos, seu emocional o forçará a ações muito violentas. É o que temos visto acontecer em nossa sociedade.

Contrapor valores positivos, mesmo que sub-repticiamente, aos ensinamentos dessa sociedade, é caminhar no contrafluxo do sistema.

Nessa contramão, devem estar os pais e mães, os mestres, os sacerdotes e sacerdotisas, os líderes sociais, e deveriam estar, principalmente, os políticos. Mas sabemos que os mesmos são, em geral, os próprios corrompidos e corruptores da sociedade.

Sacerdotes e sacerdotisas, que são pais e mães de seus filhos espirituais! Estudem, leiam, olhem para a sociedade e a analisem, procurando isentar-se de ligação com os valores apregoados e eleitos pelo consumismo e estejam capacitados para orientar o seu rebanho, nos caminhos de luz do Divino Criador. Orientem os filhos de seus templos, tornem-nos coadjuvantes de seu pastoreio; façam de seus filhos espirituais caminhantes da contramão do que aí está. Quem sabe, assim, um dia, a contramão se transforme no caminho correto para essa sociedade cega e ensurdecida, diante das mensagens dos seres de luz.

Ser sacerdote ou sacerdotisa, dirigente e médium de Umbanda Sagrada, são responsabilidades diante do outro. Não há mais tempo para não enxergar, não ouvir e não falar aquilo que salta aos olhos e aos sentidos em geral. A grande família humana carece de pais e mães capazes de colocá-la nos caminhos do Criador. A Umbanda tem por obrigação combater os discursos que mercadejam a religião e o Pai Maior. É a sua oportunidade de limpar o nome da religião, da sujeira causada pelos pais e mães de encosto, aqueles que não souberam dignificar e respeitar a religião, que a venderam, que mercadejaram com a mediunidade e com os seus trabalhos espirituais. Cobraram por trabalhos espirituais, realizaram magias negativas, prejudicaram pessoas, ligaram-se às esferas trevosas e, realmente, transformaram-se em pais e mães de encosto. E isso continuam sendo, pois continuam mercadejando em nome do Pai Celeste e garantindo seus lugares nas esferas negativas. A Umbanda está sendo purgada de seus falsos dirigentes; está recebendo mensagens de orientação e fundamentos primorosos, capazes de fazer dela uma religião tão ampla e ao mesmo tempo tão acolhedora, tão científica e tão simples, tão sincrética e tão especial como ela de fato é.

Diante dos contextos atuais, só vemos possibilidades de mudanças a partir da orientação religiosa e educacional. Façam de seus filhos e frequentadores seres de luz, seres nos quais os valores materialistas possam se transformar em valores de bondade, amor, conhecimento, sabedoria e fé, na luz da Lei Maior do Pai Criador. Só, assim, poderão brilhar mais que os falsos brilhantes com que acenam os seres do astral inferior. Troquem o cifrão dos vendilhões dos templos pelos atos de amor e bondade, pela palavra firme e forte, capaz de criar a confiança dos umbandistas e dar a firmeza necessária para o crescimento da religião. Troquem o cifrão pelo amor! Amor aos pais, aos filhos, aos amigos, ao ser humano, à Natureza. Portanto, o amor ao Divino Pai Celestial!"

A sociedade atual, de um lado, comporta-se como se a vida fosse eterna e voltada para o individualismo de cada um; de outro lado, há os que desconsideram a vida do outro, matando por motivos banais.

Divino Criador Olorum! Pedimos que a Divina Mãe Nanã atue em nossas vidas, orientando nossa jornada evolutiva, concedendo-nos a riqueza de sua sabedoria, profundidade, quietude e demais virtudes, conduzindo-nos para a luz. Que tenhamos serenidade e paciência para aguardarmos o tempo certo de amadurecimento dos frutos; que não nos desviemos dos caminhos da luz e tenhamos capacidade para lidar pacientemente com os imprevistos.

Que nunca seja necessário sermos paralisados e decantados em seu lodo!

Salve, vovó! Salve, Nanã! Saluba Nanã!

Fatores do Trono Feminino da Evolução e suas Funções

Fator	Função
Abrejador	Converter em brejo.
Absorvedor	Embeber, sorver, concentrar.
Açucador	Represar por açude.
Adormecedor	Fazer dormir; causar sono.
Afastador	Divergir, desviar.
Amadurecedor	Desenvolver a maturidade nas pessoas.
Aquietador	Tornar quieto, tranquilizar, apaziguar.
Benzedor	Benzer, curar.
Cadenciador	Ritmar, cadenciar.
Concentrador	Reunir em um mesmo ponto, centralizar.
Conscientizador	Inteirar, perceber, entender, esclarecer.
Curador	Benzer, curar, medicar.
Decantador	Passar cautelosamente um líquido de um vaso para outro; purificar.
Delimitador	Traçar, demarcar.
Diluidor	Dissolver, misturar com água.
Encharcador	Converter em charco; alagar.
Evoluidor	Envolver-se, evolucionar.
Fixador	Pregar, cravar, firmar.
Flexibilizador	Tornar flexível.
Lentador	Demorar, lerdar, arrastar, prolongar.
Magnetizador	Comunicar o fluido magnético a.
Maleabilizador	Desestabilizar rigidez.
Memorizador	Lembrar, recordar, reviver.

Fator	Função
Modelador	Dar forma a.
Racionalizador	Tornar racional.
Reciclador	Reaproveitar, reutilizar, reusar, recuperar.
Retrocededor	Voltar, regredir.
Sabedor	Conhecer, saber.
Temporizador	Demorar, retardar, adiar, contemporizar.
Transmutador	Transformar, converter, transferir.
Varredor	Limpar, varrer.

Bibliografia

ALVES, Rubem. *Entre a Ciência e a Sapiência*. São Paulo: Ed. Loyola, 2010.
BARCELLOS, Mario Cesar. *Os Orixás e a Personalidade Humana*. Rio de Janeiro: Pallas, 2010.
BENJAMIN, Walter. Obras Escolhidas vol 1. Ensaios sobre Literatura e História da Cultura. São Paulo: Ed. Brasiliense, 1987.
CAMARGO, Adriano. *Rituais com Ervas*. São Paulo: Livre Expressão Ed., 2012.
CARVALHO, Juliana Pinto. "Maurice Hallwachs e a Questão da Memória." Revista Espaço Acadêmico nº 56. Juiz de Fora: Universidade Federal de Juiz de Fora, 2006.
CHAUÍ, Marilena. *Convite à Filosofia*. São Paulo: Ática Editora, 2010.
COLEÇÃO – O Pensamento Vivo. "O Pensamento de Einstein." São Paulo: Martin Claret Ed., 1988.
COSTA, Fernando. *A Prática do Candomblé no Brasil*. Rio de Janeiro: Ed. Renes, 1974.
CUMINO, Alexandre. Vários artigos in *Jornal de Umbanda Sagrada*. São Paulo.
DE LASCIO, Eduardo. *Candomblé – Um Caminho para o Conhecimento*. São Paulo: Cristális Ed., 2000.
DE MARTONNE, Emmanuel. *Panorama da Geografia*. Lisboa: Ed. Cosmos, 1953.
EARTH, SCIENCE CURRICULUM PROJECT. "Investigando a Terra." Mc Graw-Hill do Brasil, 1973. São Paulo: FUNBEC, vol. I.
EGÍDIO, Cris. *Mistério Pombagira Mirim*. São Paulo: Madras Editora, 2016.
EGÍDIO, Cris; VIEIRA, Lurdes de Campos. *Rituais Familiares aos Sagrados Orixás*. São Paulo, 2017.
_____. *Ogum – A Ordenação Divina*. São Paulo: Madras Editora, 2018.
ELIADE, Mircea. *O Sagrado e o Profano*. São Paulo: Ed. Martins Fontes, 1999.
ENCICLOPÉDIA BRASILEIRA MÉRITO. São Paulo: Ed. Mérito, 1960.
ENCICLOPÉDIA DO ESTUDANTE. Vol. 11. São Paulo: Nova Cultural, 1991.
FUNDAÇÃO URÂNTIA. "O Livro de Urântia." 7 ed. Chicago: Urantia Foundation, 2016.

GIBRAIN, Khalil. *O Profeta*. Madras Editora, 2002.
JORNAL NACIONAL DE UMBANDA SAGRADA. Vários artigos. São Paulo, 2012 a 2014.
KAPIT, Wynn; ELSON, Laurence M. *Anatomia*. São Paulo: Ed. Harper & Row do Brasil, 1981.
LINARES, Ronaldo Antonio; TRINDADE, Diamantino F.; COSTA, Wagner Veneziani. *Iniciação à Umbanda*. São Paulo: Madras Editora, 2008.
LINARES, Ronaldo Antonio; TRINDADE, Diamantino F. "Obaluaiê/Nanã." Coleção Orixás. Vol. II. São Paulo: Tríade Ed., s/d.
LIPIANE, José Luiz. *Orixás – Comportamento e Personalidade de Seus Filhos na Umbanda*. Rio de Janeiro: Pallas, 2006.
LOPES, Ruth. "O que é a Ecologia Humana." Café Filosófico, TV Cultura.
MARSICANO, Alberto; VIEIRA, Lurdes de Campos. *A Linha do Oriente na Umbanda*. São Paulo: Madras Editora, 2009.
_____. *O Poder Terapêutico dos Orixás e a Filiação Divina*. São Paulo: Madras Editora, 2013.
_____. *Os Ciganos na Umbanda*. São Paulo: Madras Editora, 2014.
MARTINS, Cléo. *Nanã – A Senhora dos Primórdios*. Rio de Janeiro: Pallas, 2008.
PRANDI, Reginaldo. *Mitologia dos Orixás*. São Paulo: Cia. das Letras, 2001.
PEIXOTO, Norberto. *Os Orixás e os Ciclos da Vida*. Porto Alegre: Legião Publicações, 2017.
PINHEIRO, Robson. *Cidade dos Espíritos*. Contagem, MG: Editora Casa dos Espíritos, 2012.
_____. *Legião – Um Olhar sobre as Sombras*. Contagem, MG: Ed. Casa dos Espíritos, 2006.
_____. *Magos Negros*. Contagem, MG: Ed. Casa dos Espíritos, 2011.
_____. *Os Guardiões*. Contagem, MG: Ed. Casa dos Espíritos, 2013.
PORTUGAL, Fernandes. *Encanto e Magia dos Orixás no Candomblé*. Rio de Janeiro: Ediouro, 1986.
QUEIROZ, Rodrigo. *Exu do Ouro*. São Paulo: Ed. Planeta do Brasil, 2017.
QUEIROZ, Rodrigo; CUMINO, Alexandre. *Caridade: Amor e Perversão*. São Paulo: Madras Editora, 2017.
RAMATIS (psic. Norberto Peixoto). *A Missão da Umbanda*. Limeira, São Paulo: Ed. Do Conhecimento, 2006.
_____. *Vozes de Aruanda*. Limeira, São Paulo: Ed. Do Conhecimento, 2005.
_____. *Umbanda Pé no Chão*. Limeira, São Paulo: Ed. Do Conhecimento, 2008.
_____ (psic. Hercílio Maes). *Elucidações do Além*. Limeira, São Paulo: Ed. Do Conhecimento.

SÀLÁMÎ, Síkírù (King). *A Mitologia dos Orixás Africanos*. São Paulo: Ed. Oduduwà, 1990.
SARACENI, Rubens. *A Evolução dos Espíritos*. São Paulo: Madras Editora, 2005.
_____. *A Magia Divina das Sete Ervas Sagradas*. São Paulo: Madras Editora, 2010.
_____. *A Magia Divina das Sete Pedras Sagradas*. São Paulo: Madras Editora, 2008.
_____. *As Sete Linhas de Evolução e Ascensão do Espírito Humano*. São Paulo: Madras Editora, 2005.
_____. *As Sete Linhas de Umbanda – A Religião dos Mistérios*. São Paulo: Madras Editora, 2003.
_____. *A Tradição Comenta a Evolução*. São Paulo: Cristális Ed., 1996.
_____. *Diálogo com um Executor*. São Paulo: Madras Editora, 1995.
_____. *Domínio dos Sentidos da Vida*. São Paulo: Madras Editora, 2010.
_____. *Doutrina e Teologia de Umbanda Sagrada*. São Paulo: Madras Editora, 2003.
_____. *Fundamentos Doutrinários de Umbanda*. São Paulo: Madras Editora, 2012.
_____. *Formulário de Consagrações Umbandistas*. São Paulo: Madras Editora, 2005.
_____. *Gênese Divina de Umbanda Sagrada*. São Paulo: Madras Editora, 2005.
_____. *Iniciação à Escrita Mágica Divina*. São Paulo: Madras Editora, 2003.
_____. *O Guardião das Sete Portas*. São Paulo: Cristális Ed., 1996.
_____. *O Guardião das Sete Cruzes*. São Paulo: Madras Editora, 2007.
_____. *Hash Meir – O Guardião dos Sete Portais de Luz*. São Paulo: Cristális Ed., 1990.
_____. *O Ancestral Místico*. São Paulo: Cristális Ed., 1991.
_____. *Lendas da Criação*. São Paulo: Madras Editora, 2005.
_____. *O Cavaleiro do Arco-Íris*. São Paulo: Madras Editora, 2009.
_____. *O Código da Escrita Mágica Simbólica*. São Paulo: Madras Editora, 2003.
_____. *O Código de Umbanda*. São Paulo: Madras Editora, 2004.
_____. *O Guardião do Fogo Divino*. São Paulo: Madras Editora, 2006.
_____. *O Livro da Criação*. São Paulo: Madras Editora, 2014.
_____. *Orixás Ancestrais*. São Paulo: Madras Editora, 2001.
_____. *O Livro de Exu*. São Paulo: Madras Editora, 2005.
_____. *Orixá Exu – Fundamentação do Mistério Exu na Umbanda*. São Paulo: Madras Editora, 2008.
_____. *Orixá Exu Mirim*. São Paulo: Madras Editora, 2008.

_____. *Os Arquétipos da Umbanda*. São Paulo: Madras Editora, 2007.
_____. *O Livro da Criação*. São Paulo: Madras Editora, 2014.
_____. *O Livro de Exu*. São Paulo: Madras Editora, 2001.
_____. *O Livro da Vida*. São Paulo: Madras Editora, 2002.
_____. *O Livro das Energias*. São Paulo: Madras Editora, 2010.
_____. *Orixás – Teogonia de Umbanda*. São Paulo: Madras Editora, 2002.
_____. *Rituais Umbandistas*. São Paulo: Madras Editora, 2007.
_____. *Tratado Geral de Umbanda*. São Paulo: Madras Editora, 2005.
_____. *Tratado de Escrita Mágica Sagrada*. São Paulo: Madras Editora, 2007.
_____. *Umbanda Sagrada*. São Paulo: Madras Editora, 2002.
SÉRIE ATLAS VISUAIS. A Terra. São Paulo: Ed. Ática, 1997.
SHARAMON, Shalila; BODO, J. Baginski. *Chacras, Mandalas de Vitalidade e Poder*. São Paulo: Ed. Pensamento, 1998.
SIMIELLI, Maria Elena. *Geoatlas*. São Paulo: Ed. Ática, 2009.
SOUZA, Daniel. *Introdução à Magia Divina*. São Paulo: Madras Editora, 2016.
STRAHLER, Arthur N. *Geografia Física*. Barcelona: Ômega Ed., 1974.
VERGER, Pierre Fatumbi. *Orixás*. São Paulo: Ed. Corrupio, 1981.
VIEIRA, Lurdes de Campos (coord.). *Manual Doutrinário, Ritualístico e Comportamental Umbandista*. São Paulo: Madras Editora, 2005.
VIEIRA, Lurdes de Campos. *A Umbanda e o Tao*. São Paulo: Madras Editora, 2004.
_____. *Oxumaré – O Arco-Íris Sagrado*. São Paulo: Madras Editora, 2006.
_____. *Sermões de um Mestre Pena Branca* (psic.). São Paulo: Madras Editora, 2011.
_____. *Os Guias Espirituais da Umbanda e Seus Atendimentos*. São Paulo: Madras Editora, 2015.
VON SIMSON, Olga Rodrigues de Moraes. *Memória, Cultura e Poder na Sociedade do Esquecimento*. Campinas: Centro de Memória da UNICAMP – Faculdade de Educação, s/d.
WALKER, Richard. *Atlas do Corpo Humano*. São Paulo: Ed. Moderna, 1995.